国情教育研究书系

田慧生◎主编 曾天山◎副主编

中国农村教育发展报告 2013

杨润勇 等 著

教育科学出版社

·北京·

丛书编委会

主　　编：田慧生

副 主 编：曾天山

编委会成员（按姓氏笔画排序）：

于发友	马晓强	王　素	王　燕	田慧生	刘　芳
刘占兰	刘明堂	刘建丰	刘贵华	刘俊贵	刘晓楠
孙　诚	孙智昌	李　东	李晓强	杨润勇	吴　键
吴　霓	张男星	张敬培	陈如平	所广一	单志艳
孟万金	郝志军	姚宏杰	高宝立	彭霞光	葛　都
曾天山	赖　立				

丛书总序

为打造具有国家水准、国际视野的教育科研成果，更好地服务于办好人民满意的教育，服务于全面建成小康社会，在中央级公益性科研院所基本科研业务费专项基金的支持下，我院开展了对国内外重大教育理论与现实问题的系统研究，形成了"国情、国视、国菁、国际"四大书系。

"国情"教育研究书系以年度发展报告的形式，全面反映我国各级各类教育的成就、经验和挑战，对全国各省（自治区、直辖市）教育发展和政策进行区域比较，对我国各级各类教育的发展水平进行国际比较，力求对我国教育的规模、结构、质量和效益做出科学判断。

"国视"教育研究书系聚焦社会关注的教育热点难点，着眼于基础性、长远性、前瞻性问题，以了解事实、回应关切、提供政策建议为主要目的，探索教育发展规律。

"国菁"教育调研书系专门研究大中小学生的学习生活状态，涉及学校生活、家庭生活、社会生活、网络生活等，通过调查研究，了解当代学生的思想情感和行为特点，为研究如何促进学生的身心健康发展提供科学依据。

"国际"教育研究书系分为著作和译作两类，主要反映国际教育改革发展动态，回顾国际教育的历史进程，跟踪国际教育的改革动态，把握国际教育的发展趋势。

四大书系既各自独立又相互联系，在保持各书系特点的同时，力求做到：

一、"从事实切入"。"事实"是"事件真实的情形"，是在过去和现在被验证且中立的信息。在科学研究中，事实是指可证明的概念，是研究的起点。客观的事实是逻辑的基础和内容，逻辑是事实的理论再现。从实际对象出发，从实际情况出发，能够提高研究问题的针对性和实效性。

二、"用数据说话"。数据是研究和决策的基础。四大书系力图建立在数据和事实的基础之上，通过对数据的搜集、提炼、整合、分析，发现问题，探索规律。

三、"做比较分析"。没有比较就没有鉴别。四大书系力求通过国别比较、区域比较、类型比较、结构比较，找到差距，发现真知，提供卓见。

四、"搞协同创新"。协同创新是提高创新效率和创新水平的战略要求。四大书系研究调动院内外、系统内外、国内外资源，注重人员交叉、学科交叉、方法交叉，力求有所创新、有所突破。

五、"靠政策影响"。建言献策是智库研究的最终目的。四大书系以教育公共政策为研究对象，以影响政府决策为研究目标，以公共利益为研究导向，以社会责任为研究准则，建可信之言，献可行之策。

四大书系的编辑出版是我院全面提高教育科研水平的一项整体努力，也是建设国家一流教育智库的客观要求。在研究和编写过程中，书系得到了相关机构和同仁，特别是教育部相关司局及有关部委的大力支持，前期成果也受到了广大读者的欢迎，在此一并致谢！我们将以此为起点，不懈努力，加快中国特色新型智库建设，为推动中国教育事业科学发展发挥不可替代的重要作用。

中国教育科学研究院
2015 年 11 月

目　录
CONTENTS

前 言

　　《中国农村教育发展报告 2013》系统研究了近年来我国农村教育发展的新情况、新问题。我们拟将本报告基本情况概述如下。[①]

　　课题研究继续秉承"用数据说话"的基本特征。本报告通过对权威、可靠、公开数据的搜集、提炼、整合、分析，发现并分析问题，并在数据研究的基础上，突出"比较分析"的方法。本报告运用了国际比较、历史比较、区域比较、类型比较、结构比较等研究分析方法。报告尝试了"从事实切入"的研究方式，因为"事实"是研究的起源。本报告采用"专题研究"的方式，注重对农村教育重点、难点问题的调查研究、案例研究，从实际情况出发，提高研究问题的针对性和实效性。本报告率先构建了"农村教育发展指数"，尝试以指数为基础，以指数为主线，以指数为重点，把指数与一定研究方法相融合，让数据说话，展开农村教育的对比研究、趋势预测研究。

　　课题组参考国内外相关研究，结合国内农村教育现状，初步探索和构建我国农村教育发展指数的指标体系。经过标准化处理、阈值确定、权重确定以及指数合成，形成我国农村教育发展的指标体系，为分析研究农村教育建立了一个量化的工具，有助于较为客观地监测评价农村教育发展状

---

　　① 《前言》是以《从发展指数看我国农村教育的亮点与差距》一文为基础，充实、扩展而来。原文是对《中国农村教育发展报告 2013》的提炼和总结，2014 年 12 月 15 日刊发于《中国教育报》，《新华文摘》2015 年第 4 期全文转载。

况，通过指数比较发现真实问题。

一、率先构建，初步运用"农村教育发展指数"

构建农村教育发展指数，可以为了解和掌握农村教育发展现状提供量化分析的工具，为认识农村教育整体现状和发展方向，解决农村教育问题，比较国际间、区域间农村教育发展差异提供独特视角和依据。

农村教育发展指数构建借鉴了国内外关于教育发展指数的相关研究成果。在参考联合国教科文组织教育发展指数、世界银行教育统计指标等国外教育综合发展研究，以及国内教育专家王善迈等人的教育发展指数、袁桂林的农村教育发展指标等多项研究的基础上，课题组综合研究相关统计数据，深入分析我国农村教育事业发展目标和相关政策，经多次专家论证，最终构建了农村教育发展评价指标体系。指标体系包括普及情况、师资情况、投入状况、办学条件、信息化水平5个一级指标以及其下设班额、入学率、生师比、教师学历合格率、生均经费支出、生均固定资产、生均教室面积、生均图书册数、生均计算机台数及生均建网学校比例等10个二级指标。其中，每个二级指标涵盖学前、小学、初中、高中4个学段的具体项目共34个。

指标体系的构建，尽量遵循了客观性、全面性、简洁性以及可操作性原则，明确了农村教育发展指数的运算方法和过程。指数的计算过程一般包括指标标准化处理、指标阈值的确定、确定指标权重以及进行指数合成等步骤。

农村教育发展指数的合成采用加权算术平均模型进行，总指数计算公式为：

$$F = \sum_{i=1}^{34} w_i z_i$$

其中，z_i 为各指标实际值的无量纲化值，w_i 为各指标实际值的权数。

二、运用指数，归纳总结农村教育发展突出"亮点"

（一）农村教育①发展各级指数呈增长状态

2012 年农村教育发展总指数由 2011 年的 0.477 增加到 0.505，增幅为 5.87%（见图 1）。一级指标中，农村教育信息化水平指数增长幅度最大，由 2011 年的 0.343 增长到 2012 年 0.396，增幅达 15.45%；二级指标中的"建网学校"指数增幅最大，由 2011 年的 0.270 增长到 2012 年 0.319，增幅为 18.10%（见图 2）。

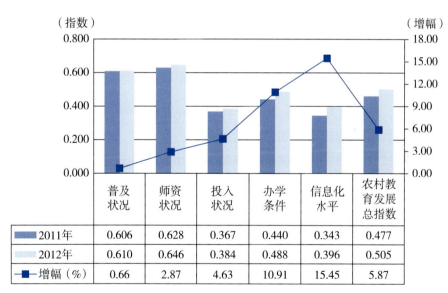

图 1　2011—2012 年农村教育发展一级指标指数与总指数②

①　《中国教育统计年鉴》自 2011 年起，使用了国家统计局颁布的《统计用城乡划分代码》。新的城乡划分标准将原来的城市、县镇、农村的三个分类调整为三大类七小类，及城区（含主城区、城乡接合部）、镇区（含镇中心区、镇乡结合区、特殊区域）、乡村（含乡中心区、村庄）。因此，本部分仅使用 2011—2012 年度相关数据作比较。其中，"农村"的数据由"镇区"和"乡村"两部分数据合并而来。

②　除特别说明外，本章所有原始数据来源于 2011 年度、2012 年度《中国教育统计年鉴》及《中国教育经费统计年鉴 2012》，指标数据由研究者计算得来。同时，由于 2012 年度的教育经费数据尚未公布，本章 2012 年一级指标"投入状况"中的下一级指标"生均教育经费"暂用 2011 年数据代替。

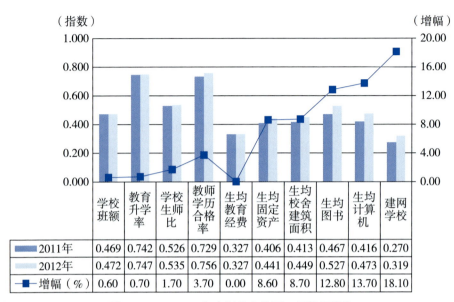

（指数）　　　　　　　　　　　　　　　　　　　　　　　（增幅）

	学校班额	教育升学率	学校生师比	教师学历合格率	生均教育经费	生均固定资产	生均校舍建筑面积	生均图书	生均计算机	建网学校
2011年	0.469	0.742	0.526	0.729	0.327	0.406	0.413	0.467	0.416	0.270
2012年	0.472	0.747	0.535	0.756	0.327	0.441	0.449	0.527	0.473	0.319
增幅（%）	0.60	0.70	1.70	3.70	0.00	8.60	8.70	12.80	13.70	18.10

图2　2011—2012年农村教育发展二级指标指数

可见，农村教育整体发展势头较好，特别是与硬件建设相关的指标增幅较大，见效较快，如信息化水平、办学条件、投入状况。而与软件建设或者内涵发展相关的指标增幅较小，见效较慢，仍需加大发展力度。

从整体上看，近年来我国农村教育取得了较大发展。一是农村教育普及水平进一步提高，2010年年底，我国所有区县全部实现"两基"，100%义务教育人口入学，我国文盲人口比例及人数呈现同步下降的趋势，农村小学新生中接受学前教育的比例逐年提高；二是教师队伍素质有所提高，农村中小学教师学历合格率有所提高；三是农村教育投入不断加大，农村小学和初中的生均经费不断增加；四是办学条件有所改善，农村学校超大班额现象有所缓解，小学大班额比例有所下降；五是农村中小学现代化水平提速，农村中小学教育设备日益优化。

（二）教育发展城乡差异状况趋于好转

我国教育发展城乡差异状况指数是在农村教育发展指数基础上构建

的，其指标与我国农村教育发展指数相同。数据显示，2007—2012 年间，教育发展城乡差异状况指数呈现逐年递增的趋势。其中，投入指数的城乡差异状况提高最快，增加了 0.163；其次为条件指数，增加了 0.153。这说明教育普及状况、师资状况、投入水平、教育条件和信息化水平的城乡差异在逐渐缩小，特别是投入水平和教育条件的城乡差异改善状况更佳。上述情况表明，随着社会经济的持续健康发展，农村教育各项指标的公平程度均在不断提升（见图 3）。

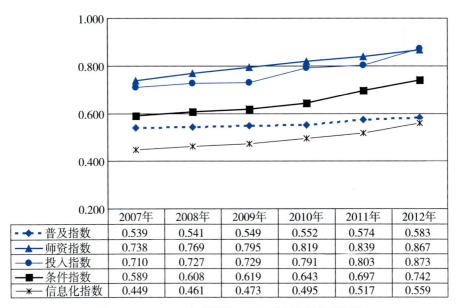

	2007年	2008年	2009年	2010年	2011年	2012年
普及指数	0.539	0.541	0.549	0.552	0.574	0.583
师资指数	0.738	0.769	0.795	0.819	0.839	0.867
投入指数	0.710	0.727	0.729	0.791	0.803	0.873
条件指数	0.589	0.608	0.619	0.643	0.697	0.742
信息化指数	0.449	0.461	0.473	0.495	0.517	0.559

图 3　2007—2012 年我国城乡教育差异各指标的指数

（三）中国农村教育总体发展水平居 9 个发展中人口大国首位

计算结果显示，中国农村教育总指数得分为 0.634，居 9 个发展中人口大国首位[①]。农村教育机会指数中，中国在学前教育、初等教育入学率

---

　　① 基于国际"涉农"或农村教育相关数据的可得性，参照中国农村教育发展指数评价指标体系，本研究在进行国际比较时采用了农村总体发展、教育机会、教育投入、师资水平、教育质量、农村进步状况等 6 个一级指标，下设 18 个具体项目。

方面排在前列。小学入学率超过 100%，与发达国家日本、英国持平，且超过德国、法国、美国等国家水平。农村教育质量指数中，中国指数为 0.796，仅次于位居首位的墨西哥（0.806）。可以判断，中国农村教育总体发展水平优于其他发展中人口大国，入学率等部分指标表现"抢眼"（见图 4）。

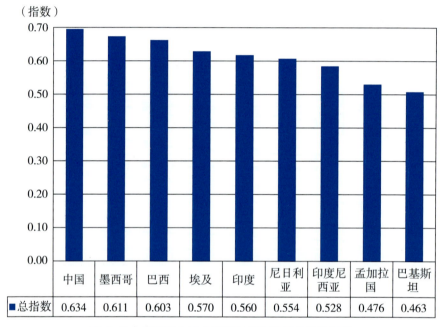

（指数）

	中国	墨西哥	巴西	埃及	印度	尼日利亚	印度尼西亚	孟加拉国	巴基斯坦
■总指数	0.634	0.611	0.603	0.570	0.560	0.554	0.528	0.476	0.463

图4 9个发展中人口大国农村教育发展总指数排名

我国农村教育整体发展水平在 9 个发展中人口大国中处于领先地位，在教育机会和教育质量方面排在前列。近年来，国家政策对农村教育高度重视和积极投入。2003 年全国农村教育工作会议以来，国家持续出台了向农村倾斜的教育政策，从"两免一补"到"农村义务教育经费保障新机制"，从"特岗教师计划"到"公费师范生政策"，从"两为主政策"到"留守儿童关爱"，从"城乡义务教育一体化"到"农村义务教育学校全面改薄"，从"农村义务教育学生营养餐工程"到"乡村教师生活补助"等系列工程，都体现了国家对农村教育"重中之重"的战略定位和对农村教育"民生之首"地位的高度重视。

（四）城镇化推动农村教育整体水平提高

研究表明，城镇化进程中，农村的受教育人口规模、教育投入水平、学校布局和软硬件建设等方面都会发生深刻变革；农村教育品质的提升，会提高农村地区人口素质，反过来又推动当地城镇化向纵深发展。通过计算可以看出，农村教育发展水平与城镇化发展水平显著相关，相关系数是0.765（$P<0.01$）（见图5）。这就意味着，在一定范围内，城镇化水平越高，该区域农村教育的整体水平也会逐渐提高。

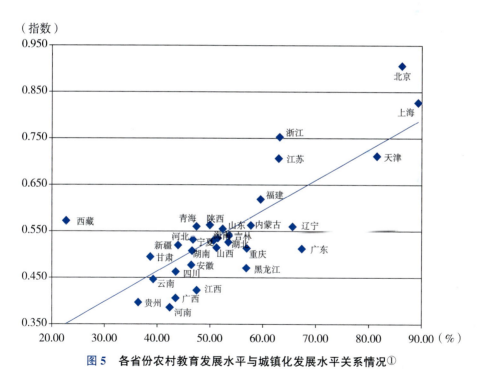

图5　各省份农村教育发展水平与城镇化发展水平关系情况①

———————————

①　图中各省份城镇化数据根据国家统计局网站相关数据计算得出，部分数据来自《全国教育事业发展简明统计分析2012》。（西藏等数据缺失）

三、通过指数，透视我国农村教育发展差距

（一）各省份农村教育发展指数差异悬殊

各省份 2012 年农村教育发展水平呈不均衡态势。城镇化率①处于中高级阶段的 7 个省份，农村教育发展水平明显高出其他较低阶段的省份，发展指数大都在 0.700 以上；城镇化率处于初级阶段和乡村型省份的农村教育发展水平，呈现基本均衡态势，发展指数在 0.500 上下浮动。各省份农村教育发展水平差异悬殊（见图 6）。

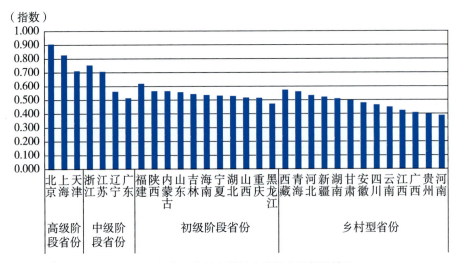

图 6　2012 年度各省份农村教育发展水平指数情况

北京市农村教育发展指数最高，为 0.906，其普及指数、师资指数、投入指数、办学条件指数以及信息化水平指数分别为 0.782、0.945、0.978、1.000、0.824，均位列全国首位。河南省农村教育发展水平整体最

---

① 根据国际发展经验，不同城镇化率的社会一般可分为 5 个发展阶段，即乡村型（城镇化率＜50%）、初级阶段（50%≤城镇化率＜60%）、中级阶段（60%≤城镇化率＜75%）、高级阶段（75%≤城镇化率＜90%）、完全城市型（城镇化率≥90%）。

弱，指数为0.386，其短板主要为信息化水平、投入水平和师资水平3个指标，指数分别为0.192、0.241和0.583，均列全国末位，这3个领域也是该地区农村教育发展亟须关注的重点所在。

各省份农村教育发展指数差异悬殊的基本原因在于，城镇化率高的地区教育投入远远高于城镇化率低的地区。例如，北京市的农村初中生均教育经费支出为47365.17元，而贵州省仅为4357.33元。由于投入水平不同，造成各省份农村教育发展的师资状况、办学条件等差异明显。同时，适龄受教育人口和各地政府解决农村教育问题的意愿，也成为影响各地农村教育发展状况的因素。

（二）班额过大仍较为突出

我国农村基础教育平均班额指数的平均水平为0.472，有19个省份超过全国平均水平，尚有12个省份低于或与均线持平，说明仍有部分省份的农村教育平均班额状况堪忧（见图7）。尽管城镇化加速发展会带来农村受教育人口的迅速减少，但在城镇化率超过50%的18个省份中，有江苏、重庆、湖北、山东和宁夏5个省市的平均班额指数低于全国平均水平。在城镇化率低于50%的13个乡村型省份中，有近二分之一的省份农村基础教育平均班额超过全国平均水平。

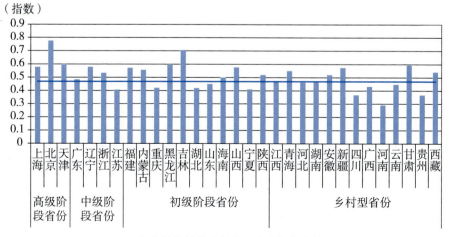

图7　各省份农村基础教育平均班额指数情况

农村学校布局调整是造成部分省份农村学校平均班额过高的主因。例如，2010 年数据显示，全国农村小学在 10 年间的撤并率约为 49.3%，而同时期农村小学生仅减少了 37.82%。可见，农村小学生减少速度远远低于农村小学撤并速度，大班额现象产生就不足为奇。因此，应充分考虑农村现实，增加资源配置特别是农村教师数量来改善农村教育质量。

在城镇化加速发展的今天，在农村受教育人口相应减少的前提下，大部分省份农村教育班额状况优于全国平均水平，但仍有 12 个省份的农村基础教育平均班额低于全国平均水平。大班额现象较为集中在镇初中，而村级小学并不明显。究其原因，农村学校布局调整、人民群众对于优质教育资源的追求是造成部分省份农村学校平均班额过高的原因之一。而缩小班额是世界各国从 20 世纪末以来的改革趋势，包括美国、英国、日本、韩国等。缩小班额的背景基本都来源于追求高质量的教育和教育公平。

（三）农村教育发展水平仍落后于 OECD 等发达国家

与日本、韩国、英国、法国、德国、新西兰、美国等 7 个 OECD 国家相比，中国农村教育发展总指数得分落后，仍有较大差距。尽管发达国家缺失贫困率、识字率等多个指标项，但其教育发展总指数均在 0.800 以上，例如日本高达 0.908。可见，我国农村教育发展状况虽然好于 9 个发展中人口大国，但与 OECD 国家相比仍有较大差距。例如，OECD 国家目前 83% 的年轻人能完成高中教育，而中国目前仅为 73%。因此，有必要提高农村地区学校教育的水平，并且为城镇中的农村人群及弱势群体学生提供更多经济上和教育上的支持。

（四）农村寄宿制学校发展"中部塌陷""小学塌陷"现象突出

农村寄宿制学校已成为我国农村义务教育的重要办学形式。2012 年，农村中小学寄宿学生总数为 2710.7 万人，占当地中小学在校生总数的比率为 26.2%，初中生总体寄宿率更是达到了 53.89%。农村寄宿制办学形式也正逐渐从西部向中东部推进，农村中小学实行寄宿制已是大势所趋。目前，农村寄宿制学校发展存在重西部、轻中东部，重初中、轻小学的现象。西部地区寄宿生规模最大、寄宿率高，而中部地区的河南、湖南、湖北、江西等省的寄宿生规模和寄宿率也占相当比重，甚至超过西部的多数省份。例如，河南省农村中学阶段寄宿生占全国总体的12.14%，位居首位；小学阶段寄宿生规模仅次于云南省，占全国总体的9.72%。相对于西部省份而言，中部地区寄宿制学校发展困境突出。2012年，中部地区小学和初中办学条件、教师队伍的多项指标差于东部和西部地区，并且差距仍在进一步拉大（见表1）。

表1　2012年各地区农村义务教育发展水平各项指标值①

	小学			初中		
	东部	中部	西部	东部	中部	西部
生师比	16.26∶1	17.76∶1	16.33∶1	12.44∶1	13.25∶1	14.45∶1
高于规定学历教师比例（%）	83.39	79.81	82.15	72.31	60.62	67.02
生均校舍建筑面积（m²）	6.69	5.98	6.43	11.49	10.50	9.37
寄宿生生均宿舍面积（m²）	4.07	2.08	2.50	4.91	3.46	3.33
生均图书（册）	21.24	14.57	14.37	31.35	24.69	21.79
生均仪器设备值（元）	633	282	382	1163	656	734
实验仪器达标学校比例（%）	58.25	31.78	57.73	83.76	63.28	75.53
建立校园网学校比例（%）	36.35	9.76	10.37	71.11	38.64	38.80
每百名学生拥有计算机台数（台）	8.78	3.39	4.28	13.34	7.92	7.96

　　寄宿制小学比寄宿制中学面临的发展困难更大。虽然2012年农村小学寄宿生总体规模（920.3万人）只占到中学总体规模（1790.37万人）的51.4%，但小学阶段寄宿生总体规模达到30万以上的省份有11个，其总体规模占全国小学生寄宿生总体规模的74.8%，个别省份如云南省、青海省的小学阶段寄宿生规模甚至超过了本省的中学阶段寄宿生人数。如表1

---

　　①　表中数据根据《2011—2012年全国教育事业发展简明统计分析》相关数据整理而成，表中寄宿生生均宿舍面积因2012年统计数据空缺，故此项数据采用2011年的统计。

所示，2012 年各地在办学条件、教师队伍等多项指标方面，小学都低于初中，而小学生年龄小，需要获得的照顾更多，小学寄宿制学校的投入成本不应比中学低。

造成上述"中部塌陷"和"小学塌陷"现象的主要原因是政策倾斜力度偏小。从各类国家支持性政策分析看（见表 2），西部获得明显支持，东中部特别是中部寄宿制学校获得偏少支持。2006 年实施农村义务教育经费保障机制改革以来，国家对免学杂费资金、公用经费补助资金的安排都是由中央和地方按比例分担，西部地区为 8：2，中部地区为 6：4，中部地区分担比例高于西部。国家实施的一系列重大工程项目，其投入对象西部地区所占比例更大。已实施的重大工程项目建设中也存在重校舍、轻配套，寄宿制学校建设重初中、轻小学的状况。在国家政策支持下，西部中小学办学条件的很多指标改善幅度大于中部，这都导致了地区差距、学段差异进一步加大。

表 2　部分国家重大工程项目西部投入占比

项　　目	中央投入 （亿元）	投向西部 （亿元）	西部占比 （％）
贫困地区义务教育工程（1995—2005 年）	89.00	63.87	71.76
全国中小学危房改造工程（2001—2005 年）	90.00	51.25	56.94
农村寄宿制学校建设工程（2004—2007 年）	100.00	84.18	84.18
42 个未"普九"县农村寄宿学校建设工程（2008—2009 年）	13.40	13.40	100.00
农村中小学远程教育工程（2003—2007 年）	53.20	27.71	52.09
中西部农村初中校舍改造工程（2007—2011 年）	170.00	88.68	52.16
全国中小学校舍安全工程（2009—2011 年）	280.00	150.30	53.68
农村义务教育薄弱学校改造计划（2010—2011 年）	167.26	79.10	47.29
合计	962.86	558.49	58.00

四、我国农村教育的主要问题和政策建议

准确把握我国农村教育的发展现状，高度重视农村教育发展问题，完善和调整发展政策与措施，方能使农村教育取得跨越式发展。在推进城镇化的进程中，农村教育要改革适应，更要超前布局。

（一）农村教育仍是我国教育事业中最薄弱的环节

总体而言，存在着许多亟待解决的困难和问题：一方面，城镇化背景下，部分地区对农村教育的重要性认识不足，认为城镇化就是"消灭农村学校"，就是"学校进城"，这在一定程度上制约了农村教育的发展；另一方面，农村教育依然是我国教育的"短板"，农村教育发展不均衡问题突出。

与此同时，在城镇化加速背景下，农村教育呈现了新的特征，例如，农村教育规模形态发生较大变化、农村地区学龄人口减少，各级各类学生流动日益频繁、进城就读人数日趋增多；一些农村学校班额减小，有的地方甚至出现了"空壳学校"；农村教师队伍受到冲击，优秀教师"孔雀东南飞"现象增多；农村办学条件改善步伐放缓，农村教育质量提升受阻……这些问题相互关联，构成了城镇化背景下农村教育的新特征。这些特征反映出了农村教育面临的新问题，亟须得到关注和解决。

（二）农村教育应作为教育工作的"重中之重"

农村教育在我国的教育体系中占有很大比重。在教育现代化和农业现代化进程中，农村教育的发展至关重要。在推进城镇化的进程中，农村教育不但要改革适应，还要超前布局。在推进教育公平的进程中，加快发展农村教育依然是紧要任务。正因如此，党中央和国务院多次指示，农村教育在全面建设小康社会中具有基础性、先导性、全局性的重要作用，在构建中国特色现代国民教育体系和建设学习型社会中具有重要地位，要作为

教育工作的重中之重。

（三）在确保教育公平基础上走内涵发展之路

当前，我国农村义务教育保障支持的政策体系已经基本形成。落实"全国中小学校舍安全工程"、"农村义务教育薄弱学校改造计划"等政策项目使我国农村基础教育办学条件迈上了新台阶。尽管如此，面对城乡差距，在推进城乡基本公共服务均等化进程中，加快改善农村义务教育薄弱学校基本办学条件、适当提高农村义务教育生均公用经费标准仍是重要任务。同时数据也显示，农村学校硬件指标的提升速度远高于师资状况等软件方面的改善。因此，应进一步完善和落实农村义务教育学校教师特岗计划、免费师范生制度、国培计划等重大政策，加大对农村学校尤其是农村教学点的倾斜力度，逐渐将支持重点由财力投入与硬件建设转向提升农村教师素质与教育质量的软件建设中来，促使农村教育走内涵发展之路。

（四）农村教育先行，缩小省际教育发展差距

《国家中长期教育改革和发展规划纲要（2010—2020年）》指出，我国"城乡、区域教育发展不平衡，贫困地区、民族地区教育发展滞后"。坚持农村教育发展先行，从最困难的地方做起，补齐区域内教育发展"短板"，可有效缩小城乡差距和省际差距，推进城乡教育一体化，实现基本公共教育服务均等化。除继续支持西部省份外，要加大对"中部塌陷"省份的支持力度。例如，河南、湖南、江西等省份，其经济发展水平并未明显高于西部，依靠自身财力很难解决农村教育的难点问题，迫切需要国家层面的大力支持。

（五）进一步切实提升农村师资水平

师资水平是影响教育质量的关键因素。借鉴国际经验，我国通过推进实施学校标准化建设、教师交流、发放津贴、建设教师周转房等举措，缓解了农村教师短缺、农村优秀师资向城市流动等问题。

面对农村教育发展新背景，农村教师队伍建设需进一步得到加强。第

一，突出重点，加大津贴额度，优先对地处偏远、生活艰苦的农村教师实施高额度的津补贴政策，以此解决这些地区吸引和留住优秀教师的问题。第二，提升农村教师幸福感。在加大农村教师津贴补助的同时，加强对农村教师的培训，提升农村教师专业效能感，这种效能感是教师长期执教的根本动力。第三，跟踪调整、适时连贯。从目前来看，为推进教育城乡一体化，我国已经全面启动实施教师交流、农村地区教师津贴发放等规定，但在这一过程中应通过跟踪调查，发现实施中出现的问题，并及时对政策做出"二次决策"。与此同时，对教师交流、农村教师津贴发放等配套政策要予以连续实施，以此确保农村教师切实获益。

（六）全方位关注农村寄宿制小学

相较而言，2008—2010 年间，大部分省份农村教育发展和经费投入更多关注农村初中阶段。2004 年以来的农村寄宿制学校建设工程、中西部农村初中校舍改造工程等都以初中寄宿制学校为主，这导致农村寄宿制小学的办学条件明显落后于初中。生活自理能力、安全问题是农村寄宿制小学面临的最大困难。因此，在实施义务教育学校标准化建设、整体改善农村寄宿制学校办学条件的过程中，要关注寄宿制小学配备合格的专任教师和必要的生活教师，为学生全面发展与健康安全成长提供切实保障。

第一章

农村教育发展指数的构建

中国城镇人口由 1978 年的 1.72 亿增加到了 2013 年年底的近 7.3 亿，城镇化率由 1978 年的 17.92%上升到 2013 年的 53.7%，城镇化对我国农村经济产生了深远影响。在城镇化背景下，我国农村教育改革取得了新的进展，农村教育普及水平和教育质量、保障水平、现代化建设等进一步提高，农村教育迈上新台阶。为了准确描述我国农村教育的发展状况，本研究尝试构建了农村教育发展指标体系，使用统计指数的方法对我国农村教育综合发展状况及各地区差异情况进行了分析评价。

一、农村教育发展评价指标体系的构建

构建一个能够全面客观描述和比较我国各个地区农村教育综合发展水平的指标体系，是对我国和各地区农村教育发展状况进行比较和评价的基础。本研究在参考国内外相关研究的基础上，结合国内农村教育现状，初步探索和构建出适合我国国情的农村教育发展的评价指标体系。

（一）借鉴国内外教育发展评价指标体系的相关研究成果

从目前国内外相关研究来看，虽然农村教育发展评价指标体系的专门

研究还较少，但对于教育综合发展评价指标体系的相关研究已经开展。

联合国教科文组织（UNESCO）设计了由初等教育净入学率、成人识字率、小学五年级保留率和教育性别平等四个指标构成的教育发展指数①。

世界银行（WDI）的教育统计指标包括教育投入、教育参与、教育效率、教育完成率和成果及教育公平等②。

经济合作与发展组织（OECD）设计了由教育机构产出及学习影响、教育财政与人力资源投入、教育机会参与与过渡、学习环境与学校组织等4类指标构成的教育发展指数③。

中国教育科学研究院"中国教育发展报告"课题组构建了由教育机会、教育条件、教育质量和教育公平4个一级指标、12个二级指标涵盖了从学前教育到高等教育的46个三级指标构成的教育综合发展水平的评价指标体系④。

刘占兰、高丙成设计了由教育机会、教育投入、教育质量和教育公平4个指标构成的学前教育综合发展评价指标体系⑤。

孙继红认为区域教育发展水平由教育背景、教育输入、教育过程及教育输出4个领域中的人口特征、区域特征、财政资源、人力资源、教育参与、办学效益和直接产出等7个指标构成⑥。

王善迈、袁连生构建了由教育投入、教育公平和教育产出3个指标构成的教育发展评价指标体系。⑦

袁桂林曾经进行过学龄人口、适龄人口人均预期受教育年限、经费投

① UNESCO. Global education digest 2011：comparing education statistics across the world ［M］. 2011. Montreal：UNESCO Institute for Statistics，304－306.

② 王善迈，袁连生. 中国地区教育发展报告 ［M］. 北京：北京师范大学出版社，2011.

③ 经济合作与发展组织. 教育概览2012：OECD指标 ［M］. 北京：教育科学出版社，2012：1-3.

④ 中国教育发展报告课题组. 中国教育综合发展水平研究 ［J］. 教育研究，2014（12）：32-39.

⑤ 刘占兰，高丙成. 中国学前教育综合发展水平研究 ［J］. 教育研究，2013（4）：30-37.

⑥ 孙继红. 我国区域教育发展状况评价的实证研究 ［D］. 南京：南京航空航天大学，2010.

⑦ 王善迈，袁连生. 中国地区教育发展报告 ［M］. 北京：北京师范大学出版社，2011：1-26.

入、教师状况和信息化水平等方面的农村教育发展指标专项研究。①

　　除了上述教育发展指数外，联合国开发计划署自 1990 年以来发布由健康、教育和生活水平三个维度包括了出生时预期寿命、平均受教育年限、预期受教育年限和人均国民总收入 4 个指标构成的人类发展指数②。这些研究对于构建我国农村教育综合发展指标体系具有重要的参考价值和借鉴意义。

（二）参考我国教育监测与评价统计指标体系

　　《中国教育监测与评价统计指标体系（试行）》分为综合教育程度、国民接受学校教育状况、学校办学条件和教育科学研究等四个维度，包括了入学率、文盲率、受教育年限、生师比、校舍建筑、学校仪器配备、学校信息化建设、教育经费、教育科学研究等方面的 77 个指标。《中国教育统计年鉴》包括了高等教育、中等教育、初等教育、幼儿教育、特殊教育、全国各级各类学校的分布情况、办学条件、科学研究等关于全国及分城乡、分省份的教育机会、教育条件、教育质量方面的内容。《中国教育经费统计年鉴》比较全面、系统地反映了全国教育经费来源和使用的情况。《全国教育事业发展简明统计分析》对各级各类教育的规模、入学机会、普及程度、办学效益以及生均办学条件等进行了多维度的比较分析，展示了全国、分区域、分城乡、分省份的各级各类教育事业发展的新特点与新变化。因此，教育机会、教育条件、教育质量和教育公平等是我国教育监测与评价统计指标体系的重要内容。

（三）分析我国教育事业的发展目标

　　《教育规划纲要》提出了实现更高水平的普及教育、形成惠及全民的公平教育、教育质量整体提升、优质教育资源总量不断扩大的教育发展目标。《国家教育事业发展第十二个五年规划》提出要扩大和保证公平受教

　　① 袁桂林. 中国农村教育发展指标研究 ［M］. 北京：经济科学出版社，2009.
　　② 联合国开发计划署. 2013 人类发展报告 ［R］. 巴黎：联合国开发计划署.

育机会、提高人才培养质量、促进区域城乡教育协调发展、加强教育条件保证、建设高素质专业化教师队伍的教育发展目标。党的十八大报告提出要大力促进教育公平，合理配置教育资源，重点向农村、边远、贫困、民族地区倾斜，着力提高教育质量。整体而言，增加教育机会、改善教育条件、提升教育质量、促进教育公平是目前我国教育事业发展的主要目标和重点工作。

二、我国农村教育发展指数的指标体系

构建一个能够全面客观描述和比较我国各个地区农村教育发展水平的评价指标体系，是对各地区农村教育发展水平进行比较和评价的基础。为此，本研究构建了我国农村教育发展的评价指标体系。

（一）我国农村教育发展指数构建的原则

本研究认为，我国农村教育发展评价指标体系的构建应该遵循以下原则。

1. 客观性原则

客观性原则是指教育发展评价中各个指标的数据必须真实准确，教育发展指数才能准确地把握所要研究问题的本质和内涵，客观反映事物的特征。这就要求在设计教育发展评价指标时，必须考虑指标的数据是否存在、是否连续、是否可靠等。在选择教育发展指数指标时，要尽量选择数据有可靠来源的定量指标，尽量放弃难以定量反映的定性指标。

2. 全面性原则

全面性原则是指教育发展评价指标要全面反映教育发展状况。教育发展的概念具有深刻而丰富的内涵，教育发展评价指标体系构建的核心是设计一套尽可能全面科学的指标体系，尽可能将教育各个方面的进展反映出来。如果指标有所遗漏，一些重要的内容就不能反映出来，指数不但不能起到反映教育目标实现程度和地区差异的目的，反而会出现偏差甚至导致错误判断，误导公众和决策者。为了保证教育发展评价指标体系的全面性，选取指标时应从教育发展的全局出发，从教育发展的各个方面着眼，在初步构建指标体系时应尽可能地选择可以概括教育发展各方面状况的指标，以便最终确定指标体系时能够有筛选的余地。同时，选择指标时要考虑指标之间的系统关联，将所有指标放在一个统一的系统中进行比较筛选，要求指标体系中的各个评价指标彼此之间尽可能满足相对的独立性，同时还要使指标间形成具有逻辑关系的评价系统。

3. 简洁性原则

简洁性原则是指教育发展评价指标体系中指标的选择、计算和含义要尽量简单、清晰和易于理解。教育发展评价指标体系并不是越多越好，如果指标体系过多、指标层次过多，指标过细，势必将评价者的注意力吸引到枝节问题上；如果指标体系过少、指标层次过少、指标过粗，则不能充分地反映教育发展的真实情况。因此，要明确教育发展评价指标体系不是教育统计体系，不要把所有的教育统计指标都放到指数中。构成指标的层次不宜太多或太少，以二三层为好，应选取代表性较强的教育发展指标，尽可能以最少的指标包含最多的信息。指数中各层指标和各个单项指标权重的确定和计算方法，既要科学又要简单，指数和指标的含义要定义清晰，使得一般公众能够理解并形成自己的判断。总之，要力求指标体系简洁易用，编制方式简单明了，容易理解。

4. 可操作性原则

为了使教育发展评价指标体系能够有效地运用于实际分析，选取的指标必须具有可操作性，不能片面地追求理论层次上的完美，要注重数据的可获得性，使指标可采集、可量化、可对比。教育发展指标必须考虑时间、成本、人员与技术等方面的配合情况，纳入该体系的各项指标必须概念明确，内容清晰，能够实际计量或测算，以便进行定量分析。过于抽象的分析概念或理论范畴不能作为指标引入体系，现阶段还无法实际测定的指标也暂时不予考虑。也就是说评价指标的数据应该容易获得，否则建立的指标体系只能束之高阁，无法实现目的。尤其在目前国内教育指标研究尚处于理论研究阶段，在相关统计信息还相当缺乏的情况下，指标资料来源的可获得性是构建教育发展评价指标体系必须重视的重要环节。

（二）我国农村教育发展指数的指标体系设计

从国内外教育的基本状况来看，反映教育发展水平的主要指标包括教育规模、普及水平、师资状况、投入水平、办学条件、质量水平和办学效益等方面。

本研究在构建中国农村教育综合发展评价指标体系时，是在参考国内外相关研究的基础上，通过深入分析我国农村教育的政策文件，并综合考虑我国农村教育现有可得的统计数据进行构建的。最终确定衡量农村教育综合发展水平的一级指标共有 5 个：普及状况、师资状况、投入状况、办学条件、信息化水平。在每个一级指标下有 2 个二级指标，包括班额、入学率、生师比、教师学历合格率、生均经费、生均固定资产、生均建筑面积、生均图书册数、生均计算机台数、生均建网学校比例等 10 个二级指标。每个二级指标下包括学前、小学、初中、高中等学段的具体项目，共有 34 个具体项目。

表 1-1　中国农村教育发展的评价指标体系

一级指标	二级指标	三级具体项目	取值范围
普及状况	X1 农村学校平均班额（逆指标）	学前、小学、初中、高中	20-50，25-70
	X2 农村教育入学率	学前、小学、初中、高中	0-1
师资状况	X3 农村学校生师比（逆指标）	学前、小学、初中、高中	0-30，0-100
	X4 农村教师学历合格率	学前、小学、初中、高中	0-1
投入状况	X5 农村生均教育经费	小学、初中、高中	15000，20000
	X6 农村生均固定资产	小学、初中、高中	10000，20000，40000
办学条件	X7 农村生均建筑面积	学前、小学、初中、高中	7，13，20，60
	X8 农村生均图书册数	学前、小学、初中、高中	6，30，50，60
信息化水平	X9 农村生均计算机台数	小学、初中	15，20
	X10 农村建网学校比例	小学、初中	0-1

1. 普及状况

《教育规划纲要》提出，到 2020 年要基本普及学前教育；巩固提高九年义务教育水平；普及高中阶段教育，毛入学率达到 90%；高等教育大众化水平进一步提高，毛入学率达到 40%，实现更高水平的普及教育的目标。

教育机会包括入学机会、受教育过程机会和取得学业成功的机会等，衡量教育普及程度的指标包括入学率、辍学率、升学率、巩固率、班额等。为了使农村教育普及状况指标的选择具有代表性和典型性，本研究选择农村学校平均班额和农村学生升学率两个核心指标反映农村教育普及状况。

班额指的是在一位特定教师指导下的一个特定班级或者一个教学团体的学生人数。由于我国统计数据中没有各省份的班额数据，本研究中班额的数据通过计算获得，班额的计算公式为某地在校生数除以某地班级数。

入学率为适龄学生入学的比例，计算公式为：

某一级入学率＝某一级教育在校生数/全国相应学龄人口总数×100%

入学率是衡量一个国家教育发展水平的重要指标之一。学前入学率数据使用《全国教育事业发展简明统计分析》中《分地区小学招生中接受过学前教育的比例》的数据。小学、初中、高中入学率全国数据使用《中国教育统计年鉴》公布数据，各省份数据使用升学率进行替代，升学率公式为高一级学校招生数除以低一级学校毕业生数。

2. 师资状况

《教育规划纲要》提出切实加强教师培养培训，提高教师队伍整体素质，依法落实教师的地位和待遇。《国务院关于加强教师队伍建设的意见》提出，教师队伍建设要以补足配齐为重点，切实加强教师培养培训，严格实施教师资格制度，依法落实教师地位待遇。《中国教育监测与评价统计指标体系（试行）》关于教职工的统计指标包括专任教师学历合格率、高级技术职务教师比例、专任教师任职年限、学生与教职工比、生师比等。《中国教育统计年鉴》有关幼儿园教师的统计指标包括了城市、县镇、农村及总体的教职工数、代课教师数、兼课教师数及教师学历、职称情况。

为了使农村教育师资状况指标的选择具有代表性和典型性，本研究选择生师比和教师学历合格率两个核心指标反映农村教育师资水平状况。

生师比是学校专任教师数与在校学生数的比例，其计算方法是学校或系统的在校学生总数除以学校或系统的专任教师的人数。小学、初中的生师比使用《全国教育事业发展简明统计分析》中的相关数据，学前和高中的生师比数据使用《中国教育统计年鉴》中在校生数除以专任教师数。专任教师学历合格率是指专任教师中达到国家要求学历的教师比例，其计算方法为某一级专任教师中达到国家要求学历的教师比例除以专任教师总数。小学、初中专任教师学历合格率使用《全国教育事业发展简明统计分析》中的相关数据，学前和高中专任教师学历合格率使用《中国教育统计年鉴》中专任教师中专、本科以上学历教师数除以专任教师总数。

3. 投入状况

教育投入是教育事业发展和质量提高的基础性保障条件，也反映了国家和社会对教育的重视程度。《中国教育监测与评价统计指标体系（试行）》中教育经费包括财政性教育经费占 GDP 比重、生均教育经费、教师平均工资、财政性教育支出占财政支出比例等。本研究选择生均教育经费和农村生均固定资产两个指标反映农村教育投入水平。

生均教育经费是指每名学生获得的教育经费。小学、初中、高中的农村生均教育经费使用《中国教育经费统计年鉴》中《分地区地方农村生均预算内教育经费支出》数据。生均固定资产指的是平均每名学生的固定资产总值，小学、初中、高中的农村生均固定资产使用《中国教育统计年鉴》中固定资产总值除以在校生数进行计算。

4. 办学条件

办学条件是教育质量的重要构成要素，直接影响着学生的生活、学习和发展。《中国教育监测与评价统计指标体系（试行）》中教育条件包括校舍建筑面积、体育场面积、实验室面积等。本研究选择农村生均建筑面积和生均图书两个指标反映农村教育办学条件。

生均建筑面积是指平均每名学生的建筑面积数。小学和初中生均建筑面积使用《全国教育事业发展简明统计分析》中的相关数据，学前和高中生均建筑面积使用《中国教育统计年鉴》中建筑面积除以在校生数进行计算。生均图书数是指每名学生的图书数。小学和初中生均图书数使用《全国教育事业发展简明统计分析》中的相关数据，学前和高中生均图书数使用《中国教育统计年鉴》中图书数量除以在校生数进行计算。

5. 信息化水平

以教育信息化带动教育现代化，是我国教育事业发展的战略选择。《中央关于全面深化改革若干重大问题的决定》指出，要构建利用信息化手段扩大优质教育资源覆盖面的有效机制，逐步缩小区域、城乡、校际差距。《中国教育监测与评价统计指标体系（征求意见稿）》中教育信息化包括每百名学生拥有教学用计算机数、建立校园网学校比例、每百名学生配多媒体教室座位数、每百名学生配语音实验室座位数等。本研究选择生均计算机台数和建网学校比例两个指标反映农村教育信息化状况。

每百名学生计算机台数指的是每百名学生中拥有的计算机数量。小学和初中的生均计算机台数使用《全国教育事业发展简明统计分析》中的相关数据。建网学校比例指的是建网学校占总学校数的比例。小学和初中建网学校比例使用《全国教育事业发展简明统计分析》中的相关数据。

三、我国农村教育发展指数的计算

指数的概念有广义和狭义之分。广义的指数一般是指所有反映社会经济现象数量变动或差异程度的相对数，如动态相对数、比较相对数、计划完成相对数等都可称为指数。狭义的指数包含两层含义：一是指数的一般概念，即综合反映由多种因素组成的不能直接相加或对比的复杂社会经济现象综合变动程度或差异程度的相对数，因此它是一种特殊的相对数；二是指数分析法，即通过计算各种指数来反映某一社会经济现象的数量总变动及其组成要素对总变动影响程度的统计分析方法。本研究中的农村教育发展指数是指使用统计指数方法对农村教育发展状况进行分析和研究。

指数的计算过程一般包括指标标准化处理、指标阈值的确定、确定指标权重以及进行指数合成等步骤。

（一）我国农村教育发展指数的指标标准化处理

评价指标的标准化是指通过一定的数学变换消除指标类型与量纲影响的方法，即把性质、量纲各异的指标转化为可以综合的一个相对数即标准化值。指标的标准化处理一般包括指标类型一致化处理和指标的无量纲化处理。数据类型一致化处理主要解决不同性质数据问题，数据无量纲化处理主要解决数据的可比性。

1. 评价指标类型的一致化处理

评价指标可以分为三种类型：正指标、逆指标和适度指标。有些指标取值越大越好，一般称之为正指标，如产值、利润、入学率等；有些指标是越小越好，一般称之为逆指标，如单位产品成本、单位产值能耗率等指标；还有一些指标是取值越接近某一确定的数值（或区间）越好，一般称之为适度指标，如资产负债率、投资率、人的身高和体重等指标。

在对各指标进行综合前，必须确保各指标的类型相同，才能给最终的综合结果一个评判标准，即评价值越大越好，或者越小越好，或者越适度越好。若评价指标体系中既有正指标、逆指标，也有适度指标，那么就必须在进行综合评价之前将评价指标的类型做一致化处理。也就是说，在对各指标进行综合之前，必须将不同类型的指标转化为同类型的指标，才能保证在最终的评价结果中做出正确判断。一般来说，常常把逆指标和适度指标转化为正指标。

对于逆指标，一般可以用差式转变法或者商式转变法将其转变为正指标。对于适度指标，一般可以使用绝对离差法、分段转化法等将其转化为正指标。

在农村教育发展评价指标体系中，平均班额和生师比是两个逆向指标，其他8个指标都是正向指标。对于逆向指标采用差式转变法转变为正向指标，转变的公式为：

$$正向指数 = 1 - 逆向指数$$

2. 评价指标的无量纲化方法

指数编制过程中评价指标体系中的各个评价指标，由于其量纲、经济意义、表现形式以及对总目标的作用取向各不相同，不具有可比性，不能直接进行综合和比较。因此，为统一标准，必须对所有评价指标进行标准化处理，以消除量纲影响，将其转化为无量纲、无数量级差异、方向一致的标准指标值，然后再进行指标合成。去掉指标量纲的过程成为数据的无量纲化，它是指标综合的前提。

如果把指标无量纲化以后的数值称为指标评价值，那么无量纲化过程就是指标实际值转化为指标评价值的过程，无量纲化方法也就是指如何实现这种转化，它是通过数学变换来消除原始变量（指标）量纲影响的方法。从数学角度讲，就是要确定指标评价值依赖于指标实际值的一种函数关系式。

无量纲化方法可以有很多种，对于定量指标的无量纲化处理常常采用的方法有：功效函数法、标准比值法和标准化处理法等。

（1）功效函数法

功效函数法的主要特点是通过对各项参评指标分别确定阈值，并运用功效函数方法确定个体指数，然后将所有个体指数加权平均得到综合评价指标指数。功效函数法是对多目标规划原理中的功效系数加以改进，经计算而得到综合评判的分数，它借助功效系数，把确定要评价的各项指标值转化为可以度量的评判分数，作为指标的评价值。功效函数是将每个评价指标按照一定的方法无量纲化，变成对评价问题测量的一个量化值，即功效函数值，然后再按照一定的合成模型加权合成求得总评价值。利用功效函数法进行消除量纲影响的处理，必须对评价的指标确定一对阈值，包括一个下限（不容许值）和一个上限值（满意值），并通过功效函数计算出每项指标的评价分。常见的功效函数很多，有线性功效函数法（或称传统功效函数法）、指数型功效函数法、对数型功效函数法、幂函数型功效函数法等。其中，线性功效函数是指标实际值与指标最小值的差，除以指标最大值与最小值的差，其计算公式为：

---

　education

　四大教育研究书系

　　罟由"教育"的英文首字母"e"演变而成，分别代表"国情""国视""国菁""国际"四大教育研究书系，图案以象征教育文化的竹简和书案为图形结构，以传统的回形纹样为表现形式，抽象、凝练地诠释了古今融通、中西合璧的理念。

$$d_i = \frac{x_i - x_s}{x_h - x_s}$$

其中 x_i 为各项指标的实际值，x_h 和 x_s 为各项指标的最大值和最小值。

（2）标准比值法

标准比值法的主要特点是通过对各项指标分别确定单一的对比标准来计算个体指数，然后将所有个体指数加权平均得到综合评价指数。使用标准比值法必须先对每个评价指标确定一个对比的基准值，而后计算实际值与基准值之比，以此作为该指标的评价值。作为对比的基准值可以是衡量事物发展变化的一些特殊指标值，如该指标在各评价对象中的平均值、最大值或该指标的国际先进水平、历史最高水平、计划规定水平等，因此包括极值法和均值法等方法。其中，极值法是指标实际值与该项指标的最大值之比，其计算公式为：

$$d_i = \frac{x_{ij}}{x_j}$$

其中，x_{ij} 为某项指标实际值，x_j 为指标最大值。

（3）标准化处理法

利用标准化处理的基本前提是需要进行标准化处理的变量服从正态分布，在标准化处理过程中，将变量值转换为数学期望为 0、方差为 1 的标准化数值。标准化处理方法是指标实际值与样本平均数的差除以样本标准差，其计算公式为：

$$d_i = \frac{x_{ij} - \bar{x}}{s_j}$$

其中，x_{ij} 为某项指标实际值，$\bar{x}$ 为样本平均数，s_j 为样本标准差。

农村教育发展指数各个指标的无量纲化采用功效函数法进行。农村教育发展指数单个指标的指数计算公式为：

$$X_i = \frac{X_i - X_{\min}}{X_{\max} - X_{\min}} \left(即\ X_i = \frac{X_{实际值} - X_{最小值}}{X_{最大值} - X_{最小值}} \right)$$

其中 x_i 为各项指标的实际值。

（二）我国农村教育发展指数中指标目标值的确定

使用功效函数计算单个指标指数时，由于不同指标之间的单位不同，无法直接进行比较，因此首先必须对每个指标进行无量纲化处理，而进行无量纲化处理的关键是确定各指标的上、下限阈值。农村教育发展指数中目标值的确定需要综合考虑我国目前教育实际、我国教育发展目标、国际相关指标水平以及教育指标体系之间的内在逻辑关系。

依据我国教育发展目标。《教育规划纲要》提出，到 2020 年，基本实现教育现代化，基本形成学习型社会，进入人力资源强国行列，并提出了实现更高水平的普及教育、形成惠及全民的公平教育、教育质量整体提升、优质教育资源总量不断扩大的教育发展目标。因此，农村教育发展指数中指标目标值应当体现《教育规划纲要》的目标。

参考目前国际相关指标。到 2020 年，我国经济发展大体上相当于中等收入国家的水平。因此，可以把这些国家有关指标的平均水平作为确定全面建设小康社会标准值的参考依据。我国有部分社会经济比较发达的地区的人均 GDP 已经超过 31400 元。与国外相比，由于这些地区的发展状况更适合我国国情，因而对于确定全国的目标值更具借鉴意义。

注重教育指标间的逻辑关系。我国农村教育发展指数的指标体系是一个具有内在逻辑关系的统一整体，各个指标之间是相互制约、协调一致的，可以说牵一发而动全身。因此，农村教育发展指数的标准值的确定需要根据各指标之间的逻辑关系进行确定。

根据我国教育发展实际。本研究中指标的上、下限阈值重点参考 2007 年至 2011 年全国 31 个省（自治区、直辖市）[①] 中相应指标最大值和最小值。在确定最大值和最小值时，有些省份部分指标可能比其他省份高很多，也有些指标例如生师比指标并不是越大越好。对于这些指标，我们在咨询相关专家的基础上，将最大值和最小值设定在一个合理的范围内（指标的上、下限阈值范围见表 1-1）。在进行指标无量纲化时，有个别项目的

---

① 除台湾省、香港和澳门特别行政区外。下同。

指数得分大于 1 时，我们将其作为 1 进行处理。

（三）我国农村教育发展指数的指标权重

在统计理论和实践中，权重是表明各个评价指标（或者评价项目）重要性的权数，表示各个评价指标在总体中所起的不同作用。权重用于衡量单个指标在综合指标中的贡献程度，指数的权重是利用加权指数法测算指数时必须考虑的重要因素，它是权衡各项指标指数化因素的变动对总指数变动影响作用的统计指标，关系到指数的代表性和准确性。权重的赋值合理与否，对评价结果的科学合理性起着至关重要的作用；若某一指标的权重发生变化，将会影响整个评判结果。因此，权重的赋值必须做到科学和客观，这就要求寻求合适的权重确定方法。在综合指数法中，权数和同度量因素是统一的，一方面起着权衡各项指数化因素变动重要性的作用，另一方面起到不能直接相加的代表指标的指数化因素过多到可见的作用。在平均数指数法中，权数起着权衡轻重的作用。

目前国内外关于评价指标权重的确定方法有数十种之多，根据计算权重时原始数据来源以及计算过程的不同，这些方法大致可分为三大类：一类为主观赋权法，一类为客观赋权法，一类为主客观综合集成赋权法。

1. 主观赋权法

主观赋权评估法采取定性的方法，由专家根据经验进行主观判断而得到权数，然后再对指标进行综合评估。主观赋权方法的优点是专家可以根据实际问题，较为合理地确定各指标之间的排序，也就是说尽管主观赋权法不能准确地确定各指标的权重，但在通常情况下，主观赋权法可以在一定程度上有效地确定各指标按重要程度给定的权重的先后顺序。该类方法的主要缺点是主观随意性大，选取的专家不同，得出的权系数也不同；这一点并未因采取诸如增加专家数量、仔细选专家等措施而得到根本改善。主观赋权法包括层次分析法、专家调查法（Delphi 法）、模糊分析法、二项系数法、环比评分法、最小平方法、序关系分析法等方法。

2. 客观赋权法

客观赋权评估法则根据历史数据研究指标之间的相关关系或指标与评

估结果的关系来进行综合评估。客观赋权法的基本思想是某指标的权重是该指标在各个被评价对象中取值的变异程度的度量。如果一个指标对所有被评价对象而言取值相差不大，那么该指标所提供的评价信息就是较少的，其重要性就相对下降；相反，如果某项指标对评价对象而言完全不同，而且差异加大，那么该指标就能做到完全区分被评价对象，从而其对评价结果的重要程度就提高了。客观赋权法通过实际的样本观察数据来确定权数，从而避免了主观赋权法可能产生的随意性。但是由于客观赋权法要依赖于足够的样本数据和实际的问题域，通用性和可参与性差，计算方法也比较复杂，而且不能体现评判者对不同属性指标的重视程度，有时候定的权重会与属性的实际重要程度相差较大。客观赋权法主要有最大熵技术法、主成分分析法、因子分析法、均方差法、变异系数法、最大离差法、简单关联函数法、最小二乘法等。

3. 主客观综合集成赋权法

主观赋权法的特征是赋权结果与评价者的知识结构、工作经验及偏好等有关，且评价过程的透明性和再现性差；客观赋权法的特征是赋权系数来自各指标在指标总体中的变异程度结合对其他指标影响程度，且赋权原始信息直接来自各指标所提供的信息量大小。这两类赋权法各有千秋，也各有局限。主观赋权法反映了评价者的价值取向和主观判断，甚至自觉，但可能会因评价者知识经验、价值观念的影响，使评价结果带有主观倾向；客观赋权法通常利用比较完善的数学理论和方法，依据客观数据说话，但也可能受到数据不完整或偏差的影响，使评价结果偏离事实判断。为此，需要从评价目标和取向上，选择权重确定的方法，既可以单独使用某一种赋权方法，也可以综合使用这两种赋权方法，关键是在使用某种赋权方法时要对其局限性有清晰的认识，尽可能采取相应措施避免或者降低赋权方法对评价结果的负效应。

本研究认为，普及情况、师资状况、投入状况、办学条件、信息化水平对农村教育发展同等重要，因此赋予其相等的权重，即分别为五分之一。每个二级指标对一级指标的贡献也同等重要，因此赋予每个二级指标对一级指标相等的权重。每个二级指标下的学段对二级指标的贡献也同等重要，因此赋予每个学段对二级指标同等的权重。

本研究对农村教育发展指数各个指标的赋权属于主观赋权，其优点是简单快捷，缺点是存在一定的主观随意性。在后续研究中，我们会将主观赋权法和客观赋权法结合在一起使用，从而充分利用各自的优点，互相弥补不足，同时又发挥自身的优点，使得赋权更具有科学性、客观性和准确性，弥补单纯使用主观赋权法或客观赋权法存在的特点，减少随意性及解释性。

（四）我国农村教育发展指数的指数合成

在指数编制过程中，指数合成是指通过一定的算式将多个指标对事物不同方面的评价值综合在一起，以得到一个整体性的评价。可用于合成的数学方法很多，常见的合成模型有很多种，如加权算术平均合成模型、加权几何平均合成模型，或者加权算术平均和加权几何平均联合使用的混合合成模型等。每种模型都有各自的特点和适用场合，并没有优劣之分。因此，选择合适的合成模型，就要根据被评价事物的特点，对合成模型的数学性质和特点进行分析。

1. 加权算数平均合成模型

加权算数平均合成模型也叫加法模型，是对各指标进行加权算数平均求综合指数。该方法适用于各个评价指标间相互独立的场合，若指标间不独立，则加权求和的结果必然导致各指标所提供的评价信息的重复，也难以反映客观事实。另外，用该方法求综合指数可使各指标评价间得到线性补偿，即只要有一个指标足够大，而不管其他指标评价值的大小，都可以使最终的综合评价结果得到较理想的结果，这可能导致综合评价结果无法准确反映评价对象的均衡发展情况。

2. 加权几何平均合成模型

加权几何平均合成模型也称乘法模型，是对各指标评价值进行加权平均求综合指数，适用于各指标间有较强关联的场合；一个指标在另一个指标的基础上，由此各指标的乘积表现为整个事物的综合水平。它强调被评价对象各指标评价值的一致性；要求被评价对象的各指标彼此之间差异要小，不容许任何一个指标的偏废。此外，该模型对指标权数的精确要求程度不如加权算术平均合成模型明显；它突出了指标评价值较小的指标作用，强调地区内各指标发展水平的一致性；其对指标评价值变动的反映比加权算术平均合成模型更灵敏，更有助于拉开被评价对象的档次，综合评价的效度更高。

3. TOPSIS 综合评价法

TOPSIS 综合评价法（The technique for order preference by similarity to ideal solution）也称理想点法，其基本思想是将被评价对象看成是有反映其整体状况的多个指标值在高维空间中决定的一个点，指数合成问题就转化为对各评价对象在高维空间中所反映点的评价或排序，这就需要事先确定一个参考点，以此为标准对各评价对象所对反应点的优劣做出评价。通常参考点有正理想点和负理想点之分，距离正理想点越近越好，距离负理想点越远越好，可以通过衡量评价对象的对应点与正理想点的相对接近程度来对被评价对象状况做出综合判断。

4. 模糊综合评价法

模糊综合评价法是以模糊数学为基础，应用模糊关系合成的原理，将一些边界不清、不易定量的因素定量化，从多个因素对被评价事物隶属等级状况进行综合评价的一种方法。由于评价因素的复杂性、评价对象的层次性、评价标准中存在的模糊性以及评价影响因素的模糊性或不确定性、定性指标难以定量化等一系列问题，使得人们难以用绝对的"非此即彼"来准确地描述客观现实，经常存在着"亦此亦彼"的模糊现象，其描述也多用自然语言来表达，而自然语言最大的特点是它的模糊性，而这种模糊性很难用经典数学模型加以统一量度。因此，建立在模糊集合基础上的模糊综合评判方法，从多个指标对被评价事物隶属等级状况进行综合性评判，它把被评判事物的变化区间做出划分，一方面可以顾及对象的层次性，使得评价标准、影响因素的模糊性得以体现；另一方面在评价中又可以充分发挥人的经验，使评价结果更客观，符合实际情况。模糊综合评判可以做到定性和定量因素相结合，扩大信息量，使评价数度得以提高，评价结论可信。它具有结果清晰与系统性强的特点，能较好地解决模糊的、难以量化的问题，适合各种非确定性问题的解决。

除了以上几种基本方法以外，随着其他领域相关指数的不断渗入以及统计学知识的不断发展，使得指数合成方法也在不断发展和丰富。例如，运筹学的新发展产生了将投入与产出指标分离出来评价部门间相对效率的数据包络分析法，特别能够有效处理多种投入、多种产出指标的综合指数评价方法。

本研究对农村教育发展指数的合成采用加权算术平均模型进行，我国农村教育发展总指数计算公式为：

$$F = \sum_{i=1}^{34} w_i z_i$$

各类指数计算公式为：

$$F_j = \sum_{i=m_j}^{n_j} w_i z_i / \sum_{i=m_j}^{n_j} w_i$$

其中：z_i 为 x_i 的无量纲化值，x_i 为实际值，w_i 为指标 x_i 的权数，计算时需要将百分数换成小数，F_j 为第 j 类指数，m_j 为第 j 类第 1 个评价指标在整个评价指标体系中的序数，n_j 为第 j 类最后 1 个评价指标在整个评价指标体系中的序数。

由于一级指数下各二级指数的权重相等，各二级指数下的三级指标的权重也相等，因此，农村教育发展指数的各级指标的指数得分也可以用公式计算。

农村教育二级指标的指数得分计算：将三级具体项目指标指数得分按照农村教育二级指标分别求平均，分别得到 10 个一级指标指数得分。用下列公式进行指数计算。①

农村教育二级指标的指数得分：

$$Y_i = \frac{X_1 + X_2 + \ldots + X_i}{i}$$

农村教育一级指标的指数得分计算：将 10 个二级指标指数得分求平

---

① 平均班额和生师比属于逆指标，本报告对平均班额、生师比的指数进行了"1-平均班额（或生师比）指数"处理，使其转换成为正向指数。

均，可以得到农村教育发展一级指标的指数得分。

农村教育总指数得分按照下列公式计算。

农村教育一级指标的指数得分：

$$W_i = \frac{Y_1 + Y_2 + \ldots + Y_i}{i}$$

农村教育总指数得分计算：将 5 个一级指标指数得分求平均，可以得到农村教育发展水平的总指数得分，计算公式如下：

农村教育发展的总指数得分：

$$z_i = \frac{w_1 + w_2 + \ldots + w_i}{i}$$

以上各级指数得分越高，说明该指标所体现的农村教育发展程度越高。

第二章

中国农村教育的总体发展水平

农村教育在我国的教育体系中占有很大比重。以 2012 年为例，包括学前、小学、初中和普通高中四个阶段在内，全国共有学校 47.66 万所，其中，农村学校 37.54 万所，占比 78.77%，接近八成；四个阶段有在校生 2.06 亿人，其中，农村在校生 1.41 亿人，占比 68.47%，接近七成；四个阶段有专任教师 1236.23 万人，其中，农村专任教师 835.26 万人，占比 67.57%，接近七成。在教育现代化和农业现代化进程中，农村教育的发展至关重要。

依据 2011 至 2012 年度相关数据，本章重点考察了农村教育总体发展水平、农村教育各学段发展水平。同时，采用普及状况、师资状况、投入状况、办学条件和信息化水平 5 个一级指标和学校班额等 10 个二级指标，对农村各学段内部的教育发展状况和各学段间分项发展指数进行了比较。总体而言，2011 年至 2012 年，农村教育发展水平总指数及一、二级指标指数均有增长，增长幅度较大的指标主要为与硬件相关的指标；各学段发展总指数增幅不一。

一、农村教育总体发展指数分析

（一）农村教育发展水平总指数与一、二级指标指数均有增长

1. 农村教育年度总体发展指数增长

如前文所述，农村教育总体发展指数包括普及状况、师资状况、投入状况、办学条件和信息化水平 5 个一级指标。

数据显示，2012 年的农村教育发展总指数由 2011 年的 0.477 增长到 0.505，增幅为 5.87%（见图 2-1）。

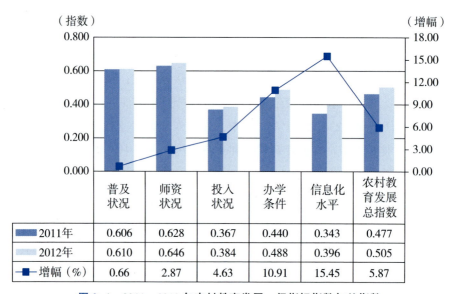

	普及状况	师资状况	投入状况	办学条件	信息化水平	农村教育发展总指数
2011年	0.606	0.628	0.367	0.440	0.343	0.477
2012年	0.610	0.646	0.384	0.488	0.396	0.505
增幅（%）	0.66	2.87	4.63	10.91	15.45	5.87

图 2-1　2011—2012 年农村教育发展一级指标指数与总指数

2. 一级指标中农村教育"信息化水平"增幅最大

从农村教育一级指标来看，5 个一级指标指数增幅有所不同，其中，农村教育信息化水平指数增幅最大，办学条件指数增幅排第二位。

具体而言，农村教育信息化水平指数由 2011 年的 0.343 增长到 2012 年的 0.396，增幅为 15.45%；农村教育办学条件指数由 2011 年的 0.440

增长到 2012 年的 0.488，增幅为 10.91%；农村教育投入状况指数由 2011 年的 0.367 增长到 2012 年的 0.384，增幅为 4.63%；农村教育师资状况指数由 2011 年的 0.628 增长到 2012 年的 0.646，增幅为 2.87%；农村教育普及状况指数由 2011 年的 0.606 增长到 2012 年的 0.610，增幅最小，为 0.66%（见图 2-1）。

3. 二级指标中"建网学校"指数增幅最大

从农村教育各个二级指标来看，10 个二级指标增幅有所不同，有 3 个指标的增幅超过了 10%，其中，农村建网学校指数增幅最大，生均计算机指数增幅排第二位，生均图书指数增幅排第三位。有两个指标增幅不足 1%，分别为教育升学率指数和学校班额指数。

具体而言，农村建网学校指数由 2011 年的 0.270 增长到 2012 年的 0.319，增幅为 18.10%；生均计算机指数由 2011 年的 0.416 增长到 2012 年的 0.473，增幅为 13.70%；生均图书指数由 2011 年的 0.467 增长到 2012 年的 0.527，增幅为 12.80%；生均校舍建筑面积指数由 2011 年的 0.413 增长到 2012 年的 0.449，增幅为 8.70%；生均固定资产指数由 2011 年的 0.406 增长到 2012 年的 0.441，增幅为 8.60%；教师学历合格率指数由 2011 年的 0.729 增长到 2012 年的 0.756，增幅为 3.70%；学校生师比指数由 2011 年的 0.526 增长到 2012 年的 0.535，增幅为 1.70%；教育升学率指数由 2011 年的 0.742 增长到 2012 年的 0.747，增幅为 0.70%；学校班额指数由 2011 年的 0.469 增长到 2012 年的 0.472，增幅为 0.60%。由于生均教育经费均用 2011 年的数据，所以尚不能分析增幅（见图 2-2）。

综上所述，从农村教育发展的第一级指标和第二级指标来看，与硬件建设相关的指标增幅较大，见效较快，例如信息化水平（包括建网学校指数和生均计算机指数）、办学条件（包括生均图书指数、生均校舍建筑面积指数）、投入状况（包括生均固定资产指数、生均教育经费指数）。而与软件建设或者内涵发展相关的指标增幅较小，见效较慢，仍需加大发展力度，例如师资状况（包括教师学历合格率指数和学校生师比指数）和普及状况（包括学校班额指数和教育升学率指数）。

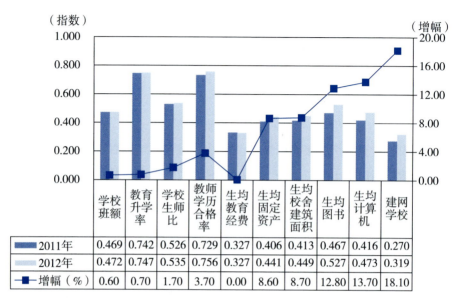

	学校班额	教育升学率	学校生师比	教师学历合格率	生均教育经费	生均固定资产	生均校舍建筑面积	生均图书	生均计算机	建网学校
■ 2011年	0.469	0.742	0.526	0.729	0.327	0.406	0.413	0.467	0.416	0.270
▨ 2012年	0.472	0.747	0.535	0.756	0.327	0.441	0.449	0.527	0.473	0.319
■ 增幅（%）	0.60	0.70	1.70	3.70	0.00	8.60	8.70	12.80	13.70	18.10

图 2-2　2011—2012 年农村教育发展二级指标指数

（二）农村教育各学段发展水平总指数增幅不一

从农村教育各学段发展水平总指数来看，4 个学段发展水平总指数增幅由高到低分别是：初中教育、小学教育、学前教育和高中教育。

具体而言，农村初中教育发展水平总指数增幅最大，指数由 2011 年的 0.436 增长到 2012 年的 0.483，增幅为 10.78%；农村小学教育发展水平总指数由 2011 年的 0.481 增长到 2012 年的 0.507，增幅为 5.41%；农村学前教育发展水平总指数由 2011 年的 0.537 增长到 2012 年的 0.557，增幅为 3.72%；农村高中教育发展水平总指数由 2011 年的 0.445 增长到 2012 年的 0.457，增幅为 2.70%（见图 2-3）。

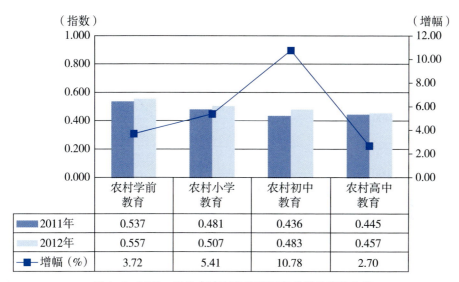

	农村学前教育	农村小学教育	农村初中教育	农村高中教育
2011年	0.537	0.481	0.436	0.445
2012年	0.557	0.507	0.483	0.457
增幅（%）	3.72	5.41	10.78	2.70

图 2-3　2011—2012 年农村教育发展各学段总指数比较

二、农村教育各学段内部发展指数状况比较

从农村教育各学段内部发展指数来看，信息化水平和办学条件指数增幅较大，学前教育和小学教育阶段普及状况指数均出现了负增长。

（一）学前教育办学条件指数增幅最大，普及状况指数下降

就农村学前教育内部发展指数而言，办学条件指数增幅最大，指数由2011 年的 0.516 增长到 2012 年的 0.593，增幅为 14.92%；师资状况指数增幅排第二位，指数由 2011 年的 0.628 增长到 2012 年的 0.653，增幅为3.98%；普及状况指数出现了负增长，指数由 2011 年的 0.840 降至 2012年的 0.819，降幅为 2.50%。鉴于两年的投入状况指数均由 2011 年度数据代替，暂不做进一步分析（见图 2-4）。

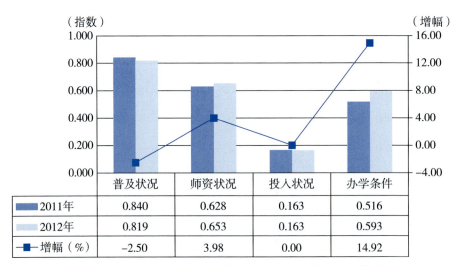

	普及状况	师资状况	投入状况	办学条件
2011年	0.840	0.628	0.163	0.516
2012年	0.819	0.653	0.163	0.593
增幅（%）	−2.50	3.98	0.00	14.92

图 2-4　**2011—2012 年农村学前教育阶段各项指标发展指数**

（二）小学教育信息化水平指数增幅最大，普及状况指数略有下降

就农村小学教育内部发展指数而言，信息化水平指数增幅最大，指数由 2011 年的 0.209 增长到 2012 年的 0.259，增幅为 23.92%；办学条件指数增幅排第二位，指数由 2011 年的 0.471 增长到 2012 年的 0.520，增幅为 10.40%；师资状况指数增幅排第三位，指数由 2011 年的 0.606 增长到 2012 年的 0.629，增幅为 3.80%；投入状况指数增幅排第四位，指数由 2011 年的 0.420 增长到 2012 年的 0.429，增幅为 2.14%；普及状况指数出现了负增长，指数由 2011 年的 0.701 降至 2012 年的 0.699，降幅为 0.29%（图 2-5）。

（三）农村初中教育信息化水平和办学条件发展指数增幅较大

就农村初中教育阶段而言，各项指标发展指数均有一定改善，其中，办学条件和信息化水平发展指数增幅较大。2011 年至 2012 年，农村初中教育阶段普及状况发展指数由 0.380 提高到 0.410，增幅为 7.89%；师资状况发展指数由 0.575 提高到 0.609，增幅为 5.91%；投入状况发展指数

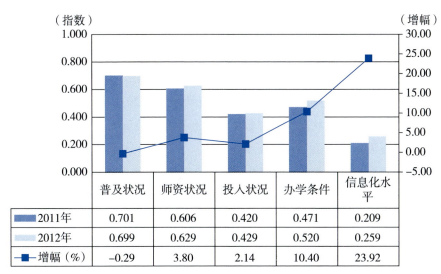

	普及状况	师资状况	投入状况	办学条件	信息化水平
■2011年	0.701	0.606	0.420	0.471	0.209
■2012年	0.699	0.629	0.429	0.520	0.259
■增幅（%）	−0.29	3.80	2.14	10.40	23.92

图 2-5　**2011—2012 年农村小学教育阶段各项指标发展指数**

由 0.366 提高到 0.401，增幅为 9.56%；办学条件发展指数由 0.449 提高到 0.517，增幅达到 15.14%；信息化水平发展指数由 0.409 提高到 0.477，增幅高达 16.63%（见图 2-6）。

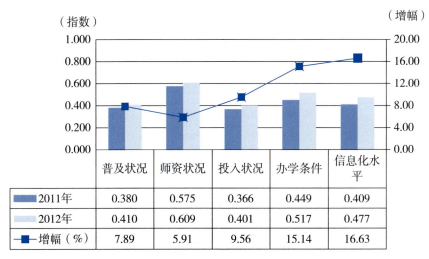

	普及状况	师资状况	投入状况	办学条件	信息化水平
■2011年	0.380	0.575	0.366	0.449	0.409
■2012年	0.410	0.609	0.401	0.517	0.477
■增幅（%）	7.89	5.91	9.56	15.14	16.63

图 2-6　**2011—2012 年农村初中教育阶段各项指标发展指数**

（四）农村高中教育阶段信息化水平发展指数增幅最快，师资状况发展指数有所下降

就农村高中教育阶段而言，各项指标发展指数有升有降，信息化水平发展指数增幅最快，师资状况发展指数有所下降。2011 年至 2012 年，农村高中教育阶段普及状况发展指数由 0.258 提高到 0.274，增幅为 6.20%；师资状况发展指数由 0.701 降低到 0.691，下降 1.43%；投入状况发展指数由 0.395 提高到 0.406，增幅为 2.78%；办学条件发展指数由 0.323 提高到 0.325，增幅为 0.62%；信息化水平发展指数由 0.550 提高到 0.588，增幅为 6.91%（见图 2-7）。

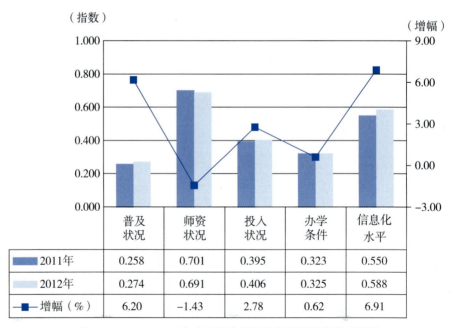

	普及状况	师资状况	投入状况	办学条件	信息化水平
2011年	0.258	0.701	0.395	0.323	0.550
2012年	0.274	0.691	0.406	0.325	0.588
增幅（%）	6.20	−1.43	2.78	0.62	6.91

图 2-7　2011—2012 年农村高中教育阶段各项指标发展指数

相对而言，2011—2012 年，学前和义务教育阶段硬件发展快于高中阶段。在义务教育阶段，初中的办学条件（15.14%）和投入状况（9.56%）指数增幅又高于小学。总体看，农村各学段相关指标总体快速提升主要得益于国家层面的重视和相关政策推动。

1. 国家义务教育均衡发展战略布局推动

2010 年 1 月，教育部印发的《关于贯彻落实科学发展观进一步推进义务教育均衡发展的意见》① 指出，"把义务教育作为教育改革与发展的重中之重，把均衡发展作为义务教育的重中之重"。同时，提出许多战略性举措，例如，各省制订和完善本地区义务教育学校基本办学标准，继续实施农村义务教育学校教师特设岗位计划，加大对教师尤其是农村教师的培训力度，把全面推进中小学教育信息化作为促进义务教育均衡发展的重要战略举措，等等。2010 年 7 月，《国家中长期教育改革和发展规划纲要（2010—2020 年）》强调"推进义务教育均衡发展"，进一步指出，"推进义务教育学校标准化建设，建立健全义务教育均衡发展保障机制，均衡配置教师、设备、图书、校舍等各项资源"。同时，提出"切实缩小校际差距""加快缩小城乡差距""努力缩小区域差距"。其中，在缩小城乡差距方面，要求"建立城乡一体化的义务教育发展机制，在财政拨款、学校建设、教师配置等方面向农村倾斜"。正是在国家对义务教育均衡发展的战略布局影响下，农村学校各项办学指标均有了明显改善。

2. 系列重大工程项目有效推进，推动了农村教育的发展

针对农村教育发展，尤其是义务教育发展的薄弱环节，近年来，国家实施了系列重大工程项目。在办学条件方面，例如，2009 年，《国务院办公厅关于印发全国中小学校舍安全工程实施方案的通知》指出，实施全国中小学校舍安全工程，其中资金安排实行省级统筹，市县负责，中央财政补助的方式。数据显示，2009 至 2011 年三年来，中央投入 280 亿元，地方各级政府投入 2000 多亿元，实施中小学校舍安全工程，对 3 亿多平方米存在安全隐患的校舍进行加固改造②。又如，2010 年，国家启动实施了农村义务教育薄弱学校改造计划。数据显示，到 2013 年，中央财政 4 年累计

---

① 教育部. 关于贯彻落实科学发展观进一步推进义务教育均衡发展的意见. ［EB/OL］. ［2010-01-20］. http：//www.edu.cn/liang_ ji_ 780/20100120/t20100120_ 441195. shtml.

② 袁贵仁. 近三年中央投入 2280 亿元保障校舍安全 ［EB/OL］. ［2011-12-29］. http：//finance. sina. com. cn/china/bwdt/20111229/092411091347. shtml.

安排薄弱学校改造计划补助资金 656.6 亿元，支持农村义务教育薄弱学校改善办学条件，取得明显成效①。在推进教育信息化方面，《教育信息化十年发展规划（2011—2020 年）》部署了农村学校信息化发展之路，指出"重点支持农村地区、边远贫困地区、民族地区的学校信息化和公共服务体系建设""努力缩小地区之间、城乡之间和学校之间的数字化差距"②，确保农村学校通宽带，建立信息化网络。此外，为了落实《教育规划纲要》提出的到 2020 年基本普及学前教育的发展目标，2010 年 11 月，国务院下发了《关于当前发展学前教育的若干意见》，要求各地以县为单位编制实施学前教育三年行动计划，切实解决人民群众十分关心的"入园难"问题。为了支持各地实施好三年行动计划，教育部会同财政部、发展改革委实施了 8 个国家学前教育重大项目，重点扶持中西部农村地区和城市薄弱环节。截至 2013 年年底，学前教育三年行动计划各项目标任务圆满完成，在园幼儿增长了 918 万人，相当于过去 10 年增量的总和，"入园难"问题初步缓解，学前教育改革发展取得历史性成就。③ 上述政策项目使农村基础教育办学条件及学前教育发展迈上了新的台阶。

三、农村教育各学段间分项发展指数比较

（一）农村教育各学段间普及状况发展指数比较

1. 农村初中和高中教育普及状况指数增长，小学和学前教育普及状况指数下降

从普及状况指数增长情况来看，农村初中和高中教育普及状况指数增长，小学和学前教育普及状况指数下降。

---

① 财政部. 中央财政提前下达 2015 年农村义务教育薄弱学校改造计划中央专项资金预算 215.6 亿元 [EB/OL]. [2014-11-21]. http://www.gov.cn/xinwen/2014-11/21/content_ 2781668.htm.

② 教育部关于印发《教育信息化十年发展规划（2011—2020 年）》的通知. http://www.moe.edu.cn/publicfiles/business/htmlfiles/moe/s3342/201203/xxgk_ 133322.html, 2012-03-13.

③ "亮"数据：聚焦"学前教育三年行动计划"成果. http://xueqian.eol.cn/luntan_ 11105/20140227/t20140227_ 1079021.shtml, 2014-02-27.

具体而言，农村初中教育普及状况指数由 2011 年的 0.380 增长到 2012 年的 0.410，增幅为 7.89%；农村高中教育普及状况指数由 2011 年的 0.258 增长到 2012 年的 0.274，增幅为 6.20%；农村小学教育普及状况指数由 2011 年的 0.701 降至 2012 年的 0.699，降幅为 0.29%；农村学前教育普及状况指数由 2011 年的 0.840 降至 2012 年的 0.819，降幅为 2.50%（见图 2-8）。

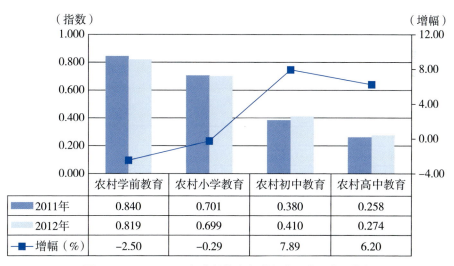

图 2-8　2011—2012 年农村教育各学段普及状况发展指数

2. 农村学前教育平均班额指数下降，其他学段平均班额指数增长

农村教育普及状况指标包括两个二级指标，分别是：农村学校平均班额和农村教育升学率。从班额指数看，除农村学前教育平均班额指数下降外，其他学段平均班额指数均有增长，其中，初中教育平均班额指数增幅最大。

具体而言，农村初中教育阶段平均班额指数由 2011 年的 0.390 增长到 2012 年 0.431，增幅为 10.51%；农村小学教育阶段平均班额指数由 2011 年的 0.462 增长到 2012 年的 0.492，增幅为 6.49%；农村高中教育阶段平均班额指数由 2011 年的 0.258 增长到 2012 年的 0.274，增幅为 6.20%；农村学前教育阶段平均班额指数由 2011 年的 0.767 降至 2012 年的 0.693，降幅为 9. 65%（见图 2-9）。

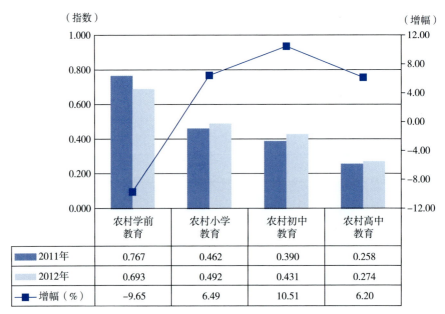

	农村学前教育	农村小学教育	农村初中教育	农村高中教育
2011年	0.767	0.462	0.390	0.258
2012年	0.693	0.492	0.431	0.274
增幅（%）	-9.65	6.49	10.51	6.20

图 2-9　**2011—2012 年农村教育各学段平均班额指数**

从班额原始数据看，随着学段的提升，农村平均班额有增大的趋势。以 2012 年为例，农村学前教育阶段平均班额为 29 人，农村小学教育阶段平均班额为 35 人，农村初中教育阶段平均班额为 51 人，农村高中教育阶段平均班额为 58 人（见图 2-10）。

3. 农村小学教育阶段升学率指数下降，学前和初中教育阶段升学率指数增长

从农村教育升学率看，除农村小学教育阶段升学率指数下降外，学前和初中教育阶段升学率指数均有增长。具体而言，农村初中教育阶段升学率指数由 2011 年的 0. 370 增长到 2012 年的 0. 389，增幅为 5. 14%；农村学前教育阶段升学率指数由 2011 年的 0. 913 增长到 2012 年的 0. 946，增幅为 3. 62%；农村小学教育阶段升学率指数由 2011 年的 0. 940 降至 2012 年的 0. 906，降幅为 3. 58%（见图 2-11）。

从升学率原始数据来看，2011 年至 2012 年，农村学前教育和小学教

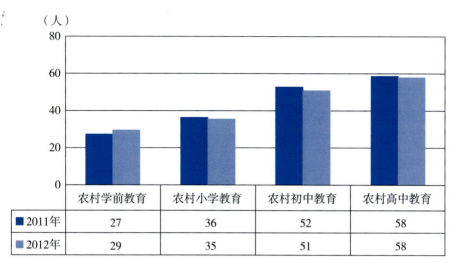

图 2-10　2011—2012 年农村教育各学段平均班额

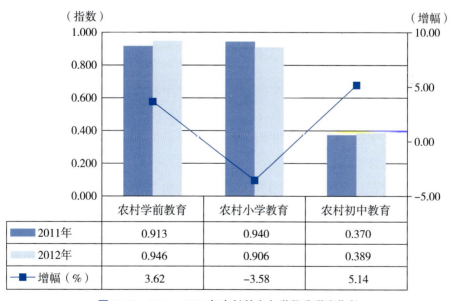

图 2-11　2011—2012 年农村教育各学段升学率指数

育阶段升学率均超过了 90%。其中，2012 年，农村学前教育和小学教育阶段升学率分别为 94.56% 和 90.64%（见图 2-12）。

虽然农村初中升学率①较低，2012 年为 38.90%，但在此仅指当年普通初中毕业生升入普通高中的状况，升入职业高中的人数未统计在内。

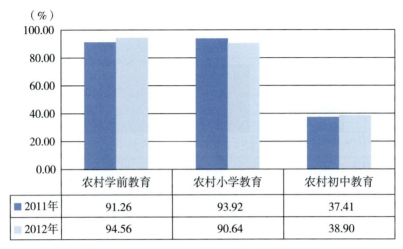

（%）

	农村学前教育	农村小学教育	农村初中教育
2011年	91.26	93.92	37.41
2012年	94.56	90.64	38.90

图 2-12　2011—2012 年农村教育各学段升学率

（二）农村教育各学段师资保障指数比较

1. 农村高中教育师资保障指数下降，其他学段师资保障指数均有增长

从普及状况指数增长情况来看，除农村高中教育师资保障指数下降外，小学、学前、初中教育师资保障指数均呈增长状态。其中，初中教育师资保障指数增幅最大。

具体而言，农村初中教育师资保障指数由 2011 年的 0.575 增长到 2012 年的 0.609，增幅为 5.91%；农村学前教育师资保障指数由 2011 年的 0.628 增长到 2012 年的 0.653，增幅为 3.98%；农村小学教育师资保障指数由 2011 年的 0.606 增长到 2012 年的 0.629，增幅为 3.80%；农村高中教育师资保障指数由 2011 年的 0.701 降至 2012 年的 0.691，降幅为 1.43%（见图 2-13）。

---

① 《中国教育统计年鉴 2012》数据显示：2012 年全国初中毕业生升入高级中学的升学率是 88.4%。

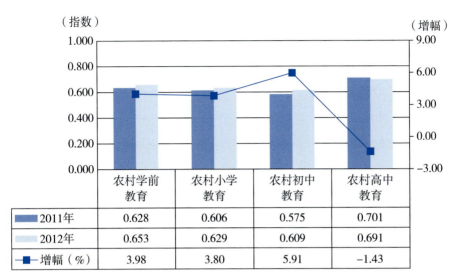

（指数）　　　　　　　　　　　　　　　　　　　　（增幅）

	农村学前 教育	农村小学 教育	农村初中 教育	农村高中 教育
2011年	0.628	0.606	0.575	0.701
2012年	0.653	0.629	0.609	0.691
增幅（%）	3.98	3.80	5.91	−1.43

图 2-13　**2011—2012 年农村教育各学段师资保障发展指数**

2. 农村高中学校生师比指数下降，其他学段学校生师比指数均有增长

农村教育师资保障指标包括两个二级指标，分别是学校生师比和教师学历合格率。

从学校生师比指标看，除农村高中学校生师比指数下降外，其他学段学校生师比指数均有增长。其中，初中教育阶段学校生师比指数增幅最大。

具体而言，农村初中教育阶段学校生师比指数由 2011 年的 0.522 增长到 2012 年的 0.554，增幅为 6.13%；农村小学教育阶段学校生师比指数由 2011 年的 0.424 增长到 2012 年的 0.440，增幅为 3.77%；农村学前教育阶段学校生师比指数由 2011 年的 0.700 增长到 2012 年的 0.716，增幅为 2.29%（见图 2-14）。

从原始数据看，学前教育阶段生师比数值最大。以 2012 年为例，农村学前教育阶段生师比为 28∶1，农村小学教育阶段生师比为 17∶1，农村初中教育阶段生师比为 13∶1，农村高中教育阶段生师比为 17∶1（见图 2-15）。

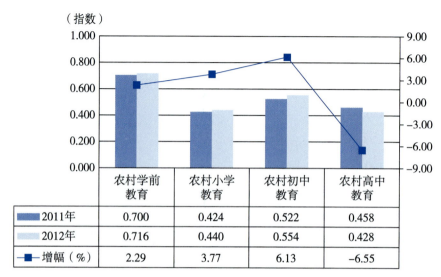

图 2-14　2011—2012 年农村教育各学段的学校生师比指数

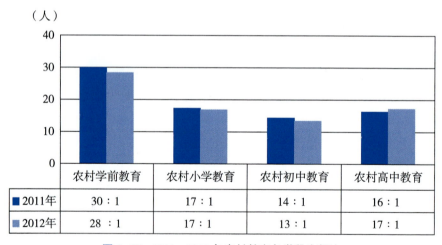

图 2-15　2011—2012 年农村教育各学段生师比

**3. 农村教育各学段教师学历合格率指数均呈增长趋势，学前教育阶段
教师学历合格率指数增幅最大**

从教师学历合格率指标看，各学段的教师学历合格率指数均有增长。
其中，学前教育阶段教师学历合格率指数增幅最大。

具体而言，农村学前教育阶段教师学历合格率指数由 2011 年的 0.555 增长到 2012 年的 0.590，增幅为 6.25%；农村初中教育阶段教师学历合格率指数由 2011 年的 0.628 增长到 2012 年的 0.665，增幅为 5.82%；农村小学教育阶段教师学历合格率指数由 2011 年的 0.786 增长到 2012 年的 0.817，增幅为 4.00%；农村高中教育阶段教师学历合格率指数由 2011 年的 0.945 增长到 2012 年的 0.954，增幅为 0.97%（见图 2-16）。

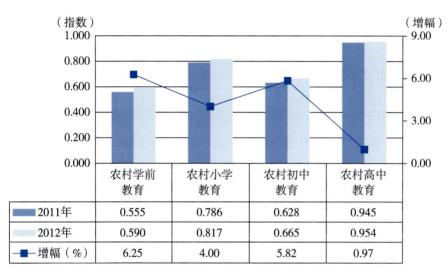

图 2-16 **2011—2012 年农村教育各学段教师学历合格率指数**

从教师学历原始数据看，2012 年，农村学前教育阶段专科以上毕业教师占比为 58.99%；小学教育阶段专科以上毕业教师占比为 81.73%（见表 2-1）。

表 2-1 **2011—2012 年农村学前和小学教育阶段教师本科、研究生毕业学历占比**

学段	学历 年份	合计（万人）		研究生毕业（万人）		本科毕业（万人）		专科毕业（万人）		专科以上合计（万人）		专科以上占比（%）	
		2011	2012	2011	2012	2011	2012	2011	2012	2011	2012	2011	2012
学前		76.00	85.87	0.05	0.05	7.58	9.63	34.57	40.98	42.20	50.66	55.52	58.99
小学		423.90	417.00	0.30	0.38	91.54	105.48	241.28	234.93	333.12	340.79	78.58	81.73

2012 年，初中教育阶段本科以上毕业教师占比为 66.48%，高中教育阶段本科以上毕业教师占比为 95.40%。相较而言，高中教师素质较强（见表 2-2）。

表 2-2　2011—2012 年农村初中和高中教育阶段教师本科、研究生毕业学历占比

学段	学历 年份	合计（万人）		研究生毕业（万人）		本科毕业（万人）		专科以上合计（万人）		专科以上占比（%）	
		2011	2012	2011	2012	2011	2012	2011	2012	2011	2012
初中		253.22	248.28	0.90	0.99	158.19	164.07	159.09	165.05	62.83	66.48
高中		83.33	84.11	2.07	2.51	76.67	77.74	78.74	80.24	94.49	95.40

此外，除学前教育阶段研究生学历人数与 2011 年持平，比例略有下降，农村教育各阶段本科以上高学历教师数量及占比整体增长。其中，2012 年，学前教育和小学教育阶段研究生毕业人数占比分别为 0.06% 和 0.09%，初中教育和高中教育阶段研究生毕业人数占比分别为 0.40% 和 2.98%（见图 2-17）。

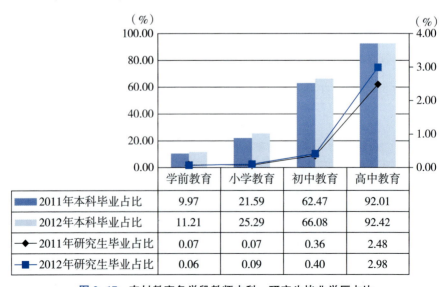

	学前教育	小学教育	初中教育	高中教育
2011年本科毕业占比	9.97	21.59	62.47	92.01
2012年本科毕业占比	11.21	25.29	66.08	92.42
2011年研究生毕业占比	0.07	0.07	0.36	2.48
2012年研究生毕业占比	0.06	0.09	0.40	2.98

图 2-17　农村教育各学段教师本科、研究生毕业学历占比

（三）农村教育各学段间投入状况发展指数比较

1. 农村小学、初中及高中教育投入状况指数均呈增长趋势，初中教育投入状况指数增幅最大

从教育投入状况指数来看，农村各学段教育投入状况均有增长（学前教育2012年度数据缺乏，暂不做进一步分析）。其中，初中教育投入状况指数增幅最大。

具体而言，农村初中教育投入状况指数由2011年的0.366增长到2012年的0.401，增幅为9.56%；农村高中教育投入状况指数由2011年的0.395增长到2012年的0.406，增幅为2.78%；农村小学教育投入状况指数由2011年的0.420增长到2012年的0.429，增幅为2.14%（见图2-18）。

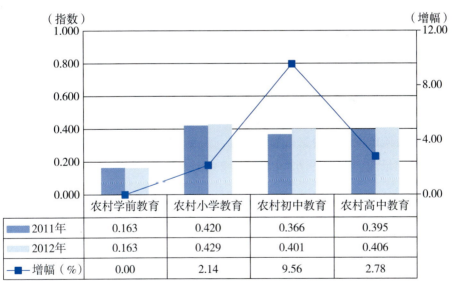

	农村学前教育	农村小学教育	农村初中教育	农村高中教育
■ 2011年	0.163	0.420	0.366	0.395
■ 2012年	0.163	0.429	0.401	0.406
■ 增幅（%）	0.00	2.14	9.56	2.78

图2-18　2011—2012年农村各学段教育投入状况指数

2. 农村生均教育经费支出随学段增高呈现增长趋势

农村教育投入状况指标包括两个二级指标，分别是：生均教育经费支出和生均固定资产。

鉴于2012年度数据缺乏，在此仅对2011年度生均经费支出状况进行分析。就指数而言，农村高中教育阶段生均经费支出指数最高，为0.394；

小学教育阶段生均经费支出指数排第二位，为 0.381；初中教育阶段生均经费支出指数排第三位，为 0.372；学前教育阶段生均经费支出指数最低，为 0.163（见图 2-19）。

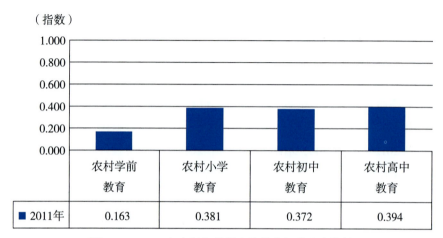

（指数）

	农村学前教育	农村小学教育	农村初中教育	农村高中教育
■2011年	0.163	0.381	0.372	0.394

图 2-19　2011 年农村各学段生均教育经费支出指数

就生均经费支出本身而言，2011 年农村高中教育阶段生均经费支出最高，为 7878.16 元；初中教育阶段生均经费支出排第二位，为 7439.40 元；小学教育阶段生均经费支出排第三位，为 5718.96 元；学前教育阶段生均经费支出最低，为 2439.62 元（见图 2-20）。

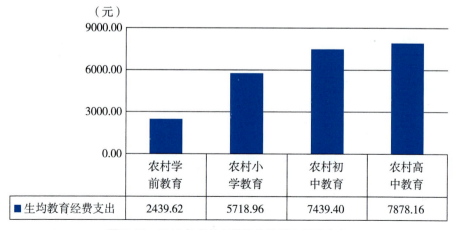

（元）

	农村学前教育	农村小学教育	农村初中教育	农村高中教育
■生均教育经费支出	2439.62	5718.96	7439.40	7878.16

图 2-20　2011 年农村各学段生均教育经费支出

3. 农村小学、初中及高中生均固定资产指数均呈增长趋势

由于学前教育阶段缺乏生均固定资产指标，在此仅对其他三个学段的生均固定资产状况进行分析。

从生均固定资产指数来看，三个学段生均固定资产指数均有增长。其中，初中阶段增幅最大。

具体而言，农村初中教育阶段生均固定资产指数由2011年的0.361增长到2012年的0.429，增幅为19.10%；农村高中教育阶段生均固定资产指数由2011年的0.397增长到2012年的0.418，增幅为5.31%；农村小学教育阶段生均固定资产指数由2011年的0.459增长到2012年的0.477，增幅为3.80%（见图2-21）。

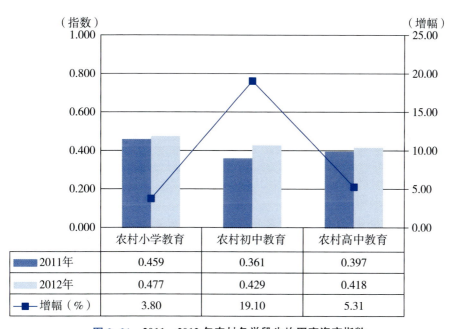

	农村小学教育	农村初中教育	农村高中教育
2011年	0.459	0.361	0.397
2012年	0.477	0.429	0.418
增幅（%）	3.80	19.10	5.31

图2-21　2011—2012年农村各学段生均固定资产指数

从生均固定资产原始数据来看，由高到低分别为农村高中、农村初中和农村小学。以2012年为例，农村高中阶段生均固定资产为16709.30元，是农村初中阶段生均固定资产（8589.06元）的1.9倍，是农村小学阶段生均固定资产（4767.77元）的3.5倍（见图2-22）。

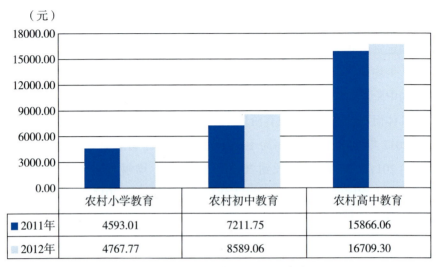

（元）

	农村小学教育	农村初中教育	农村高中教育
■2011年	4593.01	7211.75	15866.06
□2012年	4767.77	8589.06	16709.30

图 2-22　农村各学段生均固定资产

（四）农村教育各学段间办学条件发展指数比较

1. 农村教育各学段办学条件发展指数明显提高，初中、学前教育办学条件发展指数增幅较大

农村教育办学条件指标包括两个二级指标，分别是：生均校舍建筑面积和生均图书册数。

2011 年至 2012 年，农村各学段办学条件发展指数均有明显改善。其中，学前教育阶段办学条件发展指数由 0.516 提高到 0.593，增幅达到 14.92%；小学教育阶段办学条件发展指数由 0.471 提高到 0.520，增幅达到 10.40%；初中教育阶段办学条件发展指数由 0.449 提高到 0.517，增幅达到 15.14%；普通高中教育阶段办学条件发展指数由 0.323 提高到 0.325，增幅为 0.62%（见图 2-23）。

2. 农村各学段生均校舍建筑面积发展指数均有提高，初中教育阶段增幅最快

2011 年至 2012 年，农村各学段生均校舍建筑面积发展指数均有改善。其中，学前教育阶段，生均校舍建筑面积发展指数由 0.481 提高到 0.529，

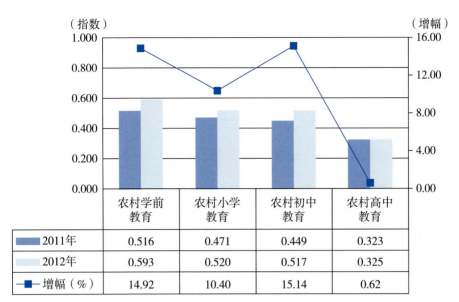

	农村学前教育	农村小学教育	农村初中教育	农村高中教育
2011年	0.516	0.471	0.449	0.323
2012年	0.593	0.520	0.517	0.325
增幅（%）	14.92	10.40	15.14	0.62

图 2-23　2011—2012 年农村各学段办学条件发展指数

增幅达到 10.06%；生均校舍建筑面积由 3.368 平方米提高到 3.706 平方米，增加了 0.338 平方米。小学教育阶段，生均校舍建筑面积发展指数由 0.455 提高到 0.488，增幅为 7.24%；生均校舍建筑面积由 5.917 平方米提高到 6.343 平方米，增加了 0.426 平方米。初中教育阶段，生均校舍建筑面积发展指数由 0.462 提高到 0.520，增幅达到 12.53%；生均校舍建筑面积由 9.236 平方米提高到 10.398 平方米，增长了 1.162 平方米。普通高中阶段，生均校舍建筑面积发展指数由 0.253 提高到 0.260，增幅为 2.79%；生均校舍建筑面积由 15.187 平方米提高到 15.603 平方米，增加了 0.416 平方米（见图 2-24、表 2-3）。

表 2-3　2011—2012 年农村各学段生均校舍建筑面积（平方米）

学段	2011 年	2012 年
农村学前	3.368	3.706
农村小学	5.917	6.343
农村初中	9.236	10.398
农村高中	15.187	15.603

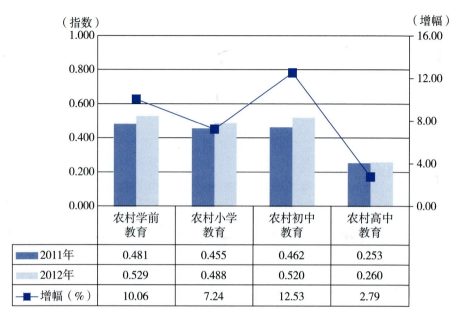

	农村学前教育	农村小学教育	农村初中教育	农村高中教育
2011年	0.481	0.455	0.462	0.253
2012年	0.529	0.488	0.520	0.260
增幅（%）	10.06	7.24	12.53	2.79

图 2-24 **2011—2012 年农村教育各学段生均校舍建筑面积发展指数**

3. 农村各学段生均图书册数发展指数有升有降，学前教育阶段增幅最快，高中教育阶段有所下降

2011 年至 2012 年，农村各学段生均图书册数发展指数均有增长。其中，学前教育阶段，生均图书册数发展指数由 0.551 提高到 0.656，增幅为 19.01%；生均图书册数由 3.31 册提高到 3.93 册，增加了 0.62 册。小学教育阶段，生均图书册数发展指数由 0.488 提高到 0.551，增幅为 12.99%；生均图书册数由 14.63 册提高到 16.53 册，增加了 1.90 册。初中教育阶段，生均图书册数发展指数由 0.437 提高到 0.513，增幅为 17.54%；生均图书册数由 21.83 册提高到 25.66 册，增加了 3.83 册。高中教育阶段，生均图书册数发展指数由 0.393 降低到 0.390，降低了 0.97%；生均图书册数由 23.60 册降低到 23.37 册，减少了 0.23 册（见图 2-25、表 2-4）。

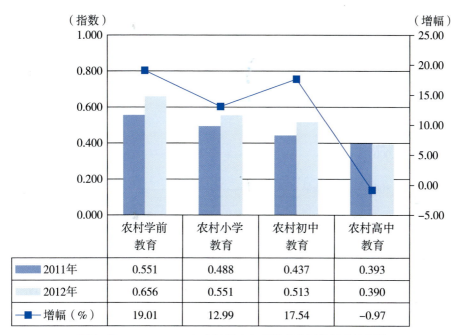

图 2-25　**2011—2012 年农村教育各学段生均图书册发展指数**

表 2-4　**2011—2012 年农村各学段生均图书册数（册）**

学段	2011 年	2012 年
农村学前	3.31	3.93
农村小学	14.63	16.53
农村初中	21.83	25.66
农村高中	23.60	23.37

（五）农村教育各学段间信息化水平发展指数比较

1. 农村教育各学段信息化水平发展指数有所改善，小学教育阶段信息化水平发展指数提高最快

农村教育信息化水平发展指标包括两个二级指标，分别是：生均计算机台数和建网学校比例。

2011 年至 2012 年，农村各学段教育信息化水平发展指数均有改善。其中，小学教育阶段信息化水平发展指数由 0.209 提高到 0.259，增幅达到 23.92%；初中教育阶段信息化水平发展指数由 0.409 提高到 0.477，增幅为 16.63%；高中教育阶段信息化水平发展指数由 0.550 提高到 0.588，增幅为 6.91%（见图 2-26）。

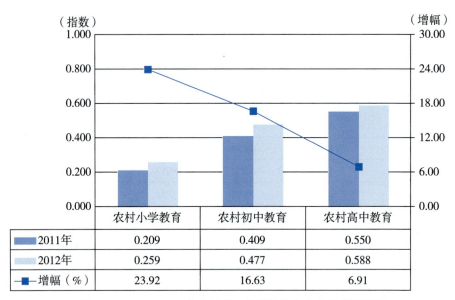

	农村小学教育	农村初中教育	农村高中教育
■ 2011年	0.209	0.409	0.550
■ 2012年	0.259	0.477	0.588
■ 增幅（%）	23.92	16.63	6.91

图 2-26 2011—2012 年农村教育各学段信息化水平发展指数

2. 农村教育各学段生均计算机台数发展指数均有提高，初中教育阶段增幅明显

2011 年至 2012 年，农村教育各学段生均计算机台数发展指数均有提高。其中，小学教育阶段，生均计算机台数发展指数由 0.292 提高到 0.355，增幅为 21.46%；每百名学生拥有计算机台数由 4.38 台提高到 5.32 台，增加了 0.94 台。初中教育阶段，生均计算机台数发展指数由 0.405 提高到 0.478，增幅为 18.02%；每百名学生拥有计算机台数由 8.100 台提高到 9.56 台，增加了 1.46 台。高中教育阶段，生均计算机台数发展指数由 0.550 提高到 0.588，增幅为 6.92%；每百名学生拥有计算机台数由 10.99 台提高到 11.75 台，增加了 0.76 台（见图 2-27、表2-5）。

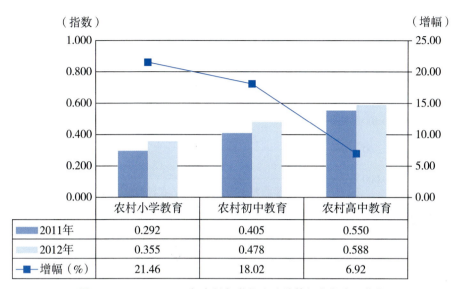

图 2-27 **2011—2012 年农村各学段生均计算机台数发展指数**

表 2-5 **2011—2012 年农村各学段每百名学生拥有计算机台数（台）**

学段	2011 年	2012 年
农村小学	4.38	5.32
农村初中	8.10	9.56
农村高中	10.99	11.75

3. 农村各学段建网学校发展指数均有改善，初中教育阶段增长较快

2011 年至 2012 年，农村各学段建网学校比例发展指数均有改善。其中，小学教育阶段，建网学校比例发展指数由 0.126 提高到 0.163，增幅为 29.46%；建网学校比例由 12.56% 提高到 16.26%，增长了 3.70%。初中教育阶段，建网学校比例发展指数由 0.414 提高到 0.475，增幅为 14.87%；建网学校比例由 41.36% 提高到 47.51%，增长了 6.15%（见图 2-28、表 2-6）。

图 2-28　2011—2012 年农村各学段建网学校比例发展指数

表 2-6　农村小学和初中建网学校比例（%）

学段	2011 年	2012 年
农村小学	12. 56	16. 26
农村初中	41. 36	47. 51

四、问题与讨论

（一）问题

1. 对师资等软件指标建设力度亟待加强

农村教育质量提升的关键在于教师素质的提高。数据显示，2011 年至 2012 年间，农村学校办学条件、信息化水平、投入状况等硬件指标的增幅分别为 10.91%、15.45% 和 4.63%，远高于师资保障（增幅 2.87%）和普及状况（增幅 0.66%）等软件指标的改善。本研究中，农村教育师资保障指标主要通过学校生师比和教师学历合格率来体现。从教师数量来看，2012 年农村学前教育与初中阶段生师比略有下降，而农村高中教育阶段生师比为 17∶1，高于 2011 年的数值（16∶1），小学教育阶段生师比为没有变化，依然是 17∶1。从教师学历来看，虽然两年间农村教育各学段教师学历合格率指数均呈增长趋势，但增幅不大。相较而言，农村各学段本科以上学历教师比例均低全国平均状况。以义务教育阶段为例，2012 年农村小学本科以上学历教师占比为 25.38%，全国小学本科以上学历教师占比为 32.58%，即农村水平低于全国水平 7 个百分点；农村初中本科以上学历教师占比 66.48%，全国初中本科以上学历教师占比为 71.63%，即农村水平低于全国水平 5 个百分点。从普及状况指数增长状况来看，与 2011 年相比，农村小学和学前教育普及状况指数下降。例如，农村小学升学率下降了 3 个百分点；农村学前教育阶段 2012 年平均班额为 29 人（2011 年为 27 人）。同时，农村初中、高中阶段大班额问题仍然突出，2012 年农村初中平均班额为 51 人，农村高中平均班额为 58 人。可见，农村师资、普及状况等指标状况不容乐观。

2. 对农村学前教育和高中教育支持力度不够

早在 2003 年发布的《国务院关于进一步加强农村教育工作的决定》[①]就指出，国家继续安排资金，重点支持中西部地区一批基础较好的普通高中和职业学校改善办学条件，提高教育质量，扩大优质教育资源。同时强调，地方各级政府要重视并扶持农村幼儿教育的发展，充分利用农村中小学布局调整后富余的教育资源发展幼儿教育。2010 年发布的《教育规划纲要》也指出，"重点发展农村学前教育""多种形式扩大农村学前教育资源"，"加快普及高中阶段教育"。而前文数据显示，就各学段发展指数而言，农村学前教育和高中教育发展指数增幅分别为 3.72% 和 2.70%，农村小学和农村初中的发展指数增幅分别为 5.41% 和 10.78%，即农村学前和高中发展指数增幅明显低于农村小学和初中发展指数增幅。这反映出国家

---

① 国务院. 关于进一步加强农村教育工作的决定 [EB/OL]. [2003-09-20]. http：//news. xinhuanet. com/newscenter/2003-09/20/content_1091478. htm.

当前对农村学前教育和高中教育支持力度不够。

（二）建议

1. 继续将农村教育作为教育工作的重中之重

解决好"三农"问题，中国经济的长久稳定发展才有保障。2004 年以来，中央连续发布关注"三农"的一号文件，彰显了国家对"三农"的重视。而在教育现代化和农业现代化进程中，农村教育的发展步伐至关重要。在推进城镇化的进程中，农村教育不但要改革适应，还要超前布局。党中央和国务院多次指示，农村教育在全面建设小康社会中具有基础性、先导性、全局性的重要作用，在构建中国特色现代国民教育体系和建设学习型社会中具有重要地位，要作为教育工作的重中之重。例如，《国务院关于进一步加强农村教育工作的决定》强调，"明确农村教育在全面建设小康社会中的重要地位，把农村教育作为教育工作的重中之重"。"十三五"将是基本实现教育现代化目标的攻坚时期，仍需将农村教育作为教育工作的重中之重，使农村地区加快发展步伐。

2. 以学校标准化建设为契机，进一步改善农村义务教育办学条件

在推进城乡基本公共服务均等化进程中，加快改善农村义务教育薄弱学校基本办学条件仍是重要任务。一是要针对薄弱领域继续实施相关重大项目或工程。中央财政重点支持革命老区、少数民族地区、边境地区和贫困地区，加强薄弱环节和重点领域建设，促进城乡之间、区域之间办学条件的均衡。同时，推进农村学校标准化建设，继续改善农村义务教育薄弱学校办学条件。二是建立校舍维修改造补助标准随维修改造成本变化进行动态调整的机制，确保农村中小学校校舍维修有效开展，同时要加强校舍维修改造的经费管理，进一步明确和细化地方各级政府的职责，强化目标管理，开展对校舍维修改造工作成效的检查和评估工作，建立和落实问责制度，避免经费被挪用和浪费，进一步提高使用效益。三是建立并完善农村义务教育办学条件的动态监测评估机制。建立和完善农村义务教育学校办学条件基本状态的数据库，及时、准确、全面地掌握全国各地农村义务

教育阶段学校办学条件的基本情况，促进科学研究和管理决策①。同时，定期发布农村义务教育办学条件监测报告，加强农村义务教育办学条件的信息公开，让全社会了解和监督各地改善农村义务教育学校办学条件的工作进展。

3. 加强对农村教育软件建设的支持力度

教师问题是农村教育发展的瓶颈问题。提升农村教育质量，缓解大班额等问题，一是要加强教师队伍建设，进一步完善和落实农村义务教育学校教师特岗计划、免费师范生制度、国培计划等重大政策，加大对农村学校尤其是农村教学点的倾斜力度，逐渐将支持重点由财力投入与硬件建设转向提升农村教师素质与教育质量的软件建设中来。二是要通过科学规划学校布局、加强新建住宅区配套学校建设，以及改扩建等措施，切实解决超大班额问题，进而改善班额指数，进一步保障教学质量提升。三是要在专项资金安排、师资配备培训交流等方面加大对农村学前教育和高中教育的支持力度。

4. 进一步提升农村义务教育信息化水平

进一步加大教育信息化专项资金中央统筹力度，优先倾斜农村。重点扶持薄弱地区和薄弱学校的教育信息化建设，不断缩小城乡之间、地区之间和学校之间信息化硬件建设方面的差距，通过信息化使城市和乡村紧密联系在一起，共同发展。一是构筑并完善农村远程教育体系。构筑农村地区现代远程教育体系是实现农村学校与城市学校教育资源共享、缩小城乡差别、在短时间内实现教育跨越式发展的捷径。充分利用已普及的广播电视、"校校通""班班通"等资源，开办覆盖贫困地区学校的"空中课堂""空中家教"等，让农村地区的教师和学生享受到优质教育资源。二是建立城乡之间、地区之间、校校之间"一对一"帮扶机制，加快薄弱地区和学校的信息化人才和队伍建设，提高教育信息化应用水平。通过实施对口扶贫的模式，在教育信息化建设较好的地区和学校，与教育信息化建设薄

---

① 杨小敏，杜育红. 农村义务教育办学条件改善的成就、问题和对策 [J]. 教育理论与实践，2012（13）：20-23.

弱的地区和学校之间，建立"一对一"的对口帮扶机制，制订帮扶计划和责任目标，以加快农村和山区学校观念的转变。通过教师交流、轮岗加强教育信息化帮扶。三是加快网络公开课、微课和视频会议系统的建设，实现优质教育资源共享。

第三章

城镇化进程中各省份农村基础教育比较

城镇常住人口占总人口的比例是确定一个地区城镇化水平的核心指标，超过50%意味着从乡村型社会转变为城镇型社会，这种转变是工业化和城镇化深入推进的结果，也是经济发达、社会进步和现代化的重要标志之一。按照国际经验，城镇化水平提高，会带动居民生活、消费等观念变化，以及社会文化和城镇品质等方面的发展和提升。最重要的是，城乡差异会逐渐缩小，并逐步实现城乡融合共享及一体化的发展状态。① 教育的变化既是社会发展及城镇化推进中产生的必然结果，又会反过来影响和制约社会及城镇化发展的深度及广度。特别是对农村教育而言，更是受到城镇化带来的农村人口减少等方面的直接影响。农村教育在享有城镇化带来的便利和改善的同时，又深受伴随社会深刻变革而来的经济社会发展中的问题和挑战所困扰。2012年，我国城镇化率为52.57%，标志着已经整体跨越进入城镇化初级阶段，全国也有18个省（区、市）的城镇化率超越了50%，继续向更高一级的城镇化水平加速发展。

本章主要通过计算我国31个省（自治区、直辖市）（港、澳、台除

---

① 潘家华，魏后凯. 城市蓝皮书：中国城市发展报告［M］. 北京：社会科学文献出版社，2012：3.

外）农村教育发展指数，来比较和分析 2012 当年度各省份农村教育在城镇化过程中的客观现状，试图揭示城镇化发展水平与农村教育发展的内在联系，分析在城镇化进程中农村教育面临的机遇和困境，力图指明各省份农村教育迫切需要关注和重点发展的关键领域，为相关政策的制定提供若干思路与借鉴。

本章根据我国实际并参考国际经验，以城镇化率为依据，将全国 31 个省份划分到 4 种不同的城镇化发展类型区域，即城镇化率处于高级阶段、中级阶段、初级阶段和乡村型阶段省份。在此基础上，以农村教育发展指数为基准，进行省际的横向比较及其与城镇化率的相关分析，力图多角度阐述各省份农村教育在 2012 年的发展状况。

一、农村教育发展水平随城镇化水平的
提高而得到改善

如前所述，农村教育发展指数由普及状况、师资状况、投入状况、办学条件以及信息化水平 5 部分指标构成。通过计算农村教育发展指数，能够了解各省份农村教育的发展差距；在分析其与城镇化发展水平的相关程度基础上，可以揭示农村教育发展与城镇化的关系，为各省份农村教育的改进提供政策建议。

（一）全国农村教育整体发展水平不均衡

2012 年，全国农村教育整体发展水平不均衡。城镇化率处于中高级阶段的省份，其农村教育整体发展水平明显高出低级阶段的省份，除个别省份外，发展指数大都在 0.700 以上；城镇化率处于初级阶段和乡村型省份的农村教育整体发展水平，呈现基本均衡的态势，但发展指数仅在 0.500 上下浮动（见图 3-1）。可以初步推断，城镇化率超过 60% 进入中级发展阶段后，农村教育整体发展水平得到较高速度提升的可能性将大大增加。

省际农村教育整体发展水平差异悬殊。北京市农村教育发展指数最

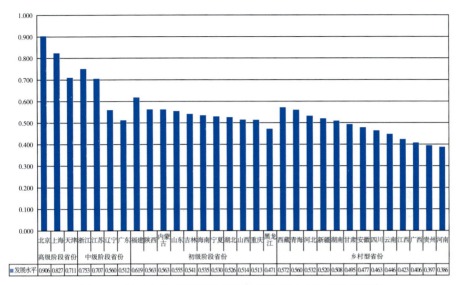

图 3-1 2012 年度各省份农村教育整体发展水平指数情况①

高，为 0.906，其普及状况指数、师资状况指数、投入状况指数、办学条件指数以及信息化水平指数分别为 0.782、0.945、0.978、1.000、0.824，均位列全国第一位。河南省农村教育整体发展水平整体最弱，指数为 0.386，其短板主要为信息化水平、投入水平和师资水平 3 个指标，指数分别为 0.192、0.241 和 0.583，均列全国末位，与北京市相比更是差异悬殊。可见，我国农村教育的省际差异较大，特别是在信息化建设以及教育投入等方面，不仅是弱省农村教育的发展短板，也是造成省际差异悬殊的主要方面。

（二）农村教育发展水平与城镇化发展水平显著相关

农村教育发展水平与城镇化发展水平密切相关、相互影响。城镇化进程中，农村的受教育人口、教育投入等教育的规模和质量方面都会发生深刻变革。农村教育品质的提升，反过来又推动当地城镇化向纵深发展。孙

---

① 图中数据根据《中国教育统计年鉴 2012》、国家统计局网站相关数据计算得出，部分数据来自《教育数据简明分析 2012》（西藏等部分数据缺失）。

倩、翁杨水、乔忠指出，城镇化水平的高低不仅与城镇人口数量有关，还与城镇人口质量有密切关联。[①] 教育水平是衡量人口素质的重要指标。农村教育发展水平的提高，无疑会带动农村地区人口素质的稳步提升。

通过计算可以看出，农村教育发展水平和城镇化发展水平的相关系数为 0.765 （$P<0.01$），呈极其显著正相关状态（见图 3-2）。也就是说，地区范围内，城镇化水平越高，该地区的农村教育发展水平也会逐渐提高。

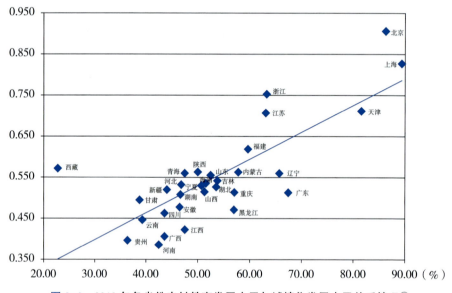

图 3-2　**2012 年各省份农村教育发展水平与城镇化发展水平关系情况**[②]

根据世界城市化过程演进趋势来看，城镇化率在 30% 至 70% 之间为加速发展期。城镇化加速发展为农村社会带来了深刻的变革，影响着农村的经济、文化、教育等方方面面。我国学者的研究也表明，50% 的城镇化率是城镇化由加速推进转变为减速推进的一个重要拐点，一旦越过这个拐点，随着城镇化推进的减速，全面提高城镇化质量、强化城市管理将成为

---

① 孙倩，翁杨水，乔忠. 农民职业教育与城镇化关系分析［J］. 全国商情，2006（2）.
② 图中数据根据《中国教育统计年鉴 2012》、国家统计局网站相关数据计算得出，部分数据来自《教育数据简明分析 2012》（西藏等部分数据缺失）。

其核心问题。[1] 从图 3-2 中可以看出，仍有贵州、河南等多个处于城镇化快速发展期的省份，农村教育发展水平低于其城镇化率发展水平。也就是说，上述省份农村教育的质量提升仍需得到重点关注。

二、普及状况比较

2012 年度农村基础教育阶段各级学校的普及状况进一步改善。各省份农村学校普及水平的高低，主要从各级学校班级平均学生数量和各级学校入学率的差异上显现出来。本部分主要采用农村学校平均班额和农村学校升学率作为衡量农村学校普及状况的重要指标，通过比较和分析各省份之间的差异，来全面、客观地了解并把握农村学校的普及水平。

（一）近七成省份农村基础教育普及程度处于中高水平

20 个省份农村基础教育普及程度超越全国平均水平。2012 年，我国农村基础教育普及程度指数的平均水平为 0.618，有 20 个省份的普及程度指数超过全国平均水平（见图 3-3）。其中，在城镇化率超过 50% 的 18 个省份中，有 13 个省份的农村基础教育普及程度指数超过全国平均水平。北京农村基础教育普及程度最高，其指数达到 0.782，超过全国平均水平 0.164。在城镇化率低于 50% 的 13 个乡村型省份中，有 7 个省份农村基础教育普及程度超过或与全国平均水平持平。可见，七成多初级、中级、高级阶段城镇化省份，普及水平高于全国平均水平；半数以上的乡村型省份，普及水平高于全国平均水平或持平。可见，随着城镇化程度的不断提升，各省份农村教育的普及水平也会随之改善。

2010 年教育部《关于贯彻落实科学发展观、进一步推进义务教育均衡发展的意见》（基一〔2010〕1 号）中指出，要"在巩固提高义务教育普

---

① 潘家华，魏后凯. 城市蓝皮书：中国城市发展报告 [M]. 北京：社会科学文献出版社，2012：3.

及水平的基础上，大力推进义务教育均衡发展"，同时"要以大力提高农村地区、经济欠发达地区、少数民族地区、边疆地区和薄弱学校义务教育水平为重心，进一步加大财力、人力、物力等方面的支持力度"。该意见为各省推进农村义务教育巩固普及水平，推进教育公平，降低各级农村学校平均班额，提高农村各级学校入学率，促进农村教育质量的提高，起到了重要的指导作用。

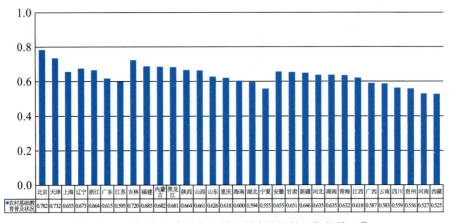

农村基础教育普及状况	北京	天津	上海	辽宁	浙江	广东	江苏	吉林	福建	内蒙古	黑龙江	陕西	山西	山东	重庆	海南	湖北	宁夏	安徽	甘肃	新疆	河北	湖南	青海	江西	广西	云南	四川	贵州	河南	西藏
	0.782	0.732	0.655	0.673	0.664	0.615	0.595	0.720	0.685	0.682	0.681	0.664	0.661	0.626	0.618	0.600	0.594	0.555	0.655	0.651	0.646	0.635	0.635	0.632	0.618	0.587	0.583	0.559	0.556	0.527	0.525

图 3-3　2012 年各省份农村基础教育普及状况指数情况①

　　19 个省份农村基础教育平均班额指数超过全国平均水平。2012 年，我国农村基础教育平均班额指数的平均水平为 0.472，有 19 个省份超过全国平均水平，尚有 12 个省份低于或与均线持平，说明仍有部分省份的农村教育平均班额状况堪忧（见图 3-4）。其中，在城镇化率超过 50% 的 18 个省份中，江苏、重庆、湖北、山东和宁夏 5 个省市的平均班额指数低于全国平均水平；在城镇化率低于 50% 的 13 个乡村型省份中，有近二分之一的省份农村基础教育平均班额超过全国平均水平，剩余低于全国平均水平的 7 个省份分别是河北、湖南、四川、广西、河南、云南和贵州。

　　半数以上的高级、中级和初级阶段省份农村教育升学率指数超越全国

---

　　①　图中数据根据《中国教育统计年鉴 2012》相关数据计算得出。

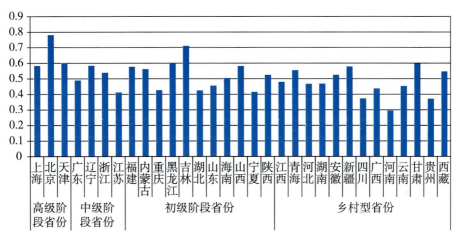

图 3-4 2012 年各省份农村基础教育平均班额指数情况①

平均水平。通过比较各省份农村基础教育升学率的基本情况，可以反映农村基础教育入学情况的省际差异，为促进省际差距缩小提供可观的现实依据。

2012 年，我国农村基础教育升学率指数的平均水平为 0.764，有 13 个省份的基础教育升学率指数超过这一全国平均水平（见图 3-5）。按照城镇化水平来分析，分别有三分之二的高级阶段省份、二分之一的中级阶段省份和十一分之六的初级阶段省份共 10 个省份的农村教育升学率指数超过全国平均水平。在城镇化率低于 50% 的乡村型省份中，只有近四分之一的省份农村基础教育升学率高于全国平均水平，分别是河北（0.805）、湖南（0.804）和安徽（0.787），说明这 3 个省份的农村基础教育升学状况良好，明显高于全国平均水平。但不容忽视的是，在城镇化发展水平处于乡村型阶段的省份中，还有 10 个省份的农村基础教育升学率亟待提高。可见，提升城镇化率的同时注重农村教育普及状况的改善应是教育工作的重点。

---

① 图中数据根据《中国教育统计年鉴 2012》相关数据计算得出。

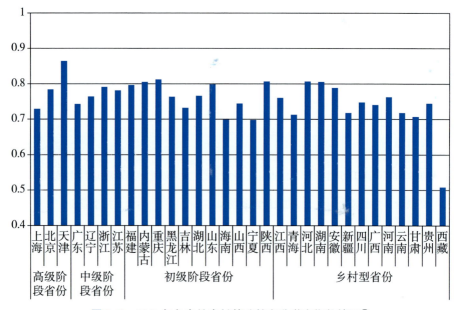

图 3-5　2012 年各省份农村基础教育升学率指数情况①

（二）各省份农村基础教育普及状况随城镇化发展逐渐提高

对各省份农村基础教育普及状况与城镇化水平的相关分析可以看出，2012 年两者的相关系数为 0.669（$P<0.01$），显示各省份农村基础教育的普及状况和城镇化水平呈正相关，且相关显著程度高，说明各省份城镇化水平对农村基础教育普及水平的影响程度明显（见图 3-6）。换句话说，城镇化水平越高的省份，其农村基础教育的普及水平可能也相应较高。就本部分涉及的农村学校平均班额和各级学校入学率（用升学率代替）来说，说明城镇化水平对二者的变化均可能产生一定的影响。某种程度上，学校升学率状况更容易是由于农村人口包括农村在校学生数自然减员引起，农村教育普及水平提高，在促进教育公平的同时提高农村教育质量，增加农村师资配置和基础教育标准建设，进一步降低农村学校平均班额，

---

① 图中数据根据《中国教育统计年鉴 2012》相关数据计算得出。

应是提高农村普及水平的重点。

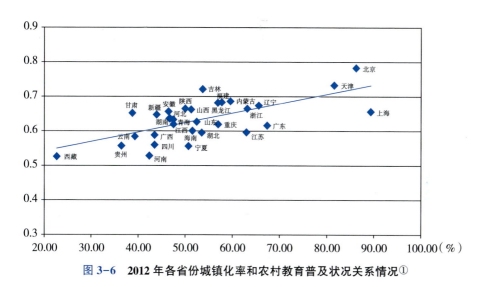

图3-6　2012年各省份城镇化率和农村教育普及状况关系情况①

　　农村基础教育普及状况指数计算表明，68%的省份农村基础教育普及程度处于中高水平。同时各省份农村基础教育普及状况与城镇化水平的相关分析表明，二者之间呈正相关，且相关显著程度高，说明城镇化水平越高的省份，其农村基础教育的普及水平也相应较高。在某种程度上，由于农村人口包括农村在校学生数自然减员更容易导致学校升学率发生变化，因此提升农村基础教育普及水平，增加农村师资配置和基础教育标准建设，进一步降低农村学校平均班额，应是提高农村普及水平的重点。

三、师资状况比较

　　各省份农村学校师资水平高低、教师资源配置是否合理，主要从其数量及质量的差异上显现出来。我们主要采用生师比和教师学历合格率作为

---

　　①　图中数据根据《中国教育统计年鉴2012》《中国教育简明统计分析2013》相关数据计算得出。

衡量农村师资水平数量与质量的重要指标。目前，我国仍沿用2001年规定中的"生师比"作为计算教师配置的标准和依据。同时，根据《中华人民共和国教师法》规定并结合我国具体国情，我们将农村学前和小学阶段教师的合格学历规定为专科以上，将初高中阶段教师的合格学历规定为本科以上。通过比较和分析各省份之间的差异，来全面、客观地了解并把握农村教师队伍的基本状况，为促进省际差距缩小提供可靠的现实依据。

（一）农村学校师资整体水平省际差异较大

2012年，全国各省份的农村学校师资水平省际差异较大。师资状况指数最高的是北京市，为0.824；最低的是江西省，仅为0.566。两者相差达0.258（见图3-7）。

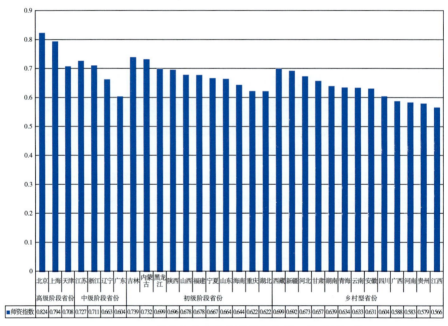

图 3-7　2012年度各省份农村学校师资状况指数情况①

---

① 图中数据根据《中国教育统计年鉴2012》相关数据计算得出，部分数据来自《2012全国教育事业发展简明统计分析》。

江西省农村学校师资水平整体最弱。例如，北京农村幼儿园、小学、初中、普通高中的生师比分别比江西省低 14.48、9.50、7.53 和 8.57（见表 3-1），上海农村幼儿园、小学、初中、普通高中的教师学历合格率分别比江西省高 51.58、22.43、36.40 和 9.36 个百分点（见表 3-2）。可见，江西省的农村学前教育师资水平是制约其整体发展的短板。

表 3-1　2012 年度农村教育生师比状况

省份	农村幼儿园	农村小学	农村初中	农村普通高中
北京	15.37	11.38	7.54	9.29
江西	29.85	20.88	15.07	17.86

表 3-2　2012 年度农村学校教师学历合格率状况①

省份	农村幼儿园	农村小学	农村初中	农村普通高中
上海	92.66%	94.40%	94.63%	99.87%
江西	41.08%	71.97%	58.23%	90.51%

20 个省份农村学校生师比指数赶超全国农村平均水平。2012 年，我国农村学校的生师比指数平均水平为 0.533，有 20 个省份生师比指数优于这一全国平均水平（见图 3-8）。其中，在城镇化率超过 50% 的 18 个省份中，仅广东、重庆、宁夏三地的生师比指数低于全国平均水平；其余 8 个低于全国平均水平的省份均集中在乡村型阶段。生师比指数提高、生师比值降低，说明每名农村教师将面对更少的农村学生，一方面客观上说明了农村教师队伍相对于学生数量减少而逐渐壮大充实；另一方面也为各省份进一步提高农村教师素质、提升农村教育质量提供了重要保障。

19 个省份的农村学校教师学历合格率指数赶超全国农村平均水平。2012 年，我国农村学校教师学历合格率指数的平均水平为 0.756，有 19 个

---

① 表中数据根据《中国教育统计年鉴 2012》相关数据计算得出，部分数据来自《2012 全国教育事业发展简明统计分析》。

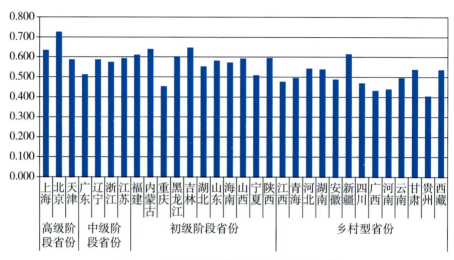

图 3-8　各省份农村学校生师比指数情况①

省份的教师学历合格率指数超过这一全国平均水平（见图 3-9）。在城镇化率超过 75% 的上海、北京、天津三地，教师学历合格率指数均远超全国平均水平，最高的为上海的 0.954。而在 15 个中级和初级阶段省份中，有广东、辽宁等 6 省份的教师学历合格率指数低于全国平均水平，占城镇化发展处于该阶段省份的 40%。在城镇化率低于 50% 的乡村型省份中，有近半数省份教师学历合格率低于全国平均水平。

　　农村教师学历达标并不断提升，是农村教师队伍素质提升和专业持续发展的重要标志。《教育规划纲要》提出了农村教育发展要以"农村教师为重点"，为此安排了侧重农村教育的"义务教育教师队伍建设工程"等项目，对改善我国农村教师素质、促进农村教育改革深入实施起到了关键作用。

---

　　①　图中数据根据《中国教育统计年鉴 2012》相关数据计算得出，部分数据来自《2012 全国教育事业发展简明统计分析》。

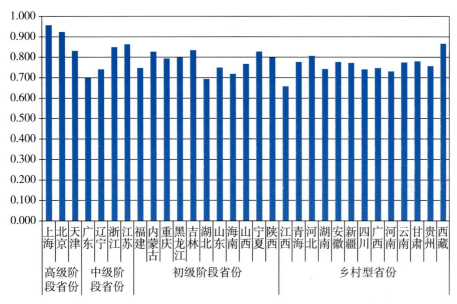

图 3-9　各省份农村基础教育教师学历合格率指数情况①

（二）农村基础教育整体师资水平随城镇化水平的提高而得到改善

对农村基础教育师资状况与城镇化水平的相关分析可以看出，两者的相关系数为 0.607（$P<0.01$），说明城镇化水平对农村基础教育师资水平的影响程度非常明显（见图 3-10）。城镇化水平越高，其农村基础教育的整体师资水平也会随之逐渐提高。

由于城镇化水平的决定因素是城镇人口占总人口的比例，随着城镇化水平的提升，农村人口包括农村在校学生数的减少，在一定程度上造成农村教师相对数量的增加，从而促使农村基础学校生师比进一步降低。但是，这种生师比的改善相对而言是城镇化发展带来的自然结果，我国各省份农村基础教育质量的提升，更应该下大力气去提升农村教师质量，包括

---

① 图中数据根据《中国教育统计年鉴 2012》相关数据计算得出。

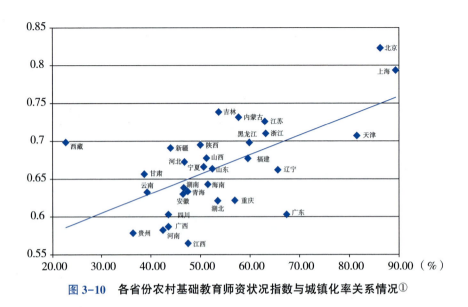

图 3-10　各省份农村基础教育师资状况指数与城镇化率关系情况①

教师学历合格率达标等方面的改善。相关数据也表明，教师学历合格率低于全国农村平均水平的省份，更多集中在城镇化率 50% 左右，这也从侧面说明处于城镇化加速时期或刚刚跨入城镇化阶段的相关省份，更需要关注农村教师队伍素质及结构等品质方面的提升。

四、投入状况比较

教育经费短缺仍然是制约我国大部分省份农村教育健康发展的重要原因。通过对比农村生均教育经费以及农村生均固定资产两个关键指标，能够了解各省份之间农村教育投入水平的客观现状，在分析差距的基础上，为各地区农村教育弱势做强提供有益的建议。

---

① 图中数据根据《中国教育统计年鉴 2012》相关数据计算得出，部分数据来自《2012 全国教育事业发展简明统计分析》。

（一）农村教育投入水平省际差异悬殊

全国各省份的农村教育投入水平省际差异悬殊。投入状况指数最高的是北京市，为1；最低的是贵州省，仅为0.241。两者相差高达0.759（见图3-11）。

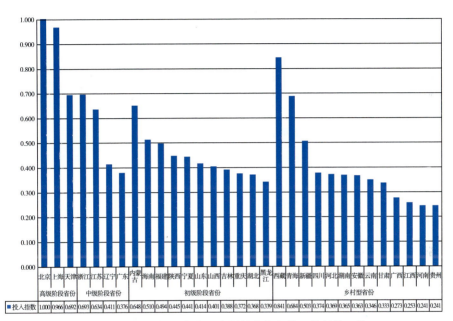

图 3-11　**2012 年度各省份农村教育投入状况指数情况**①

北京市农村教育投入水平最高，其农村幼儿园、小学、初中、普通高中的生均教育经费，比全国最低的贵州省分别高 13456.61 元、23696.34元、43007.84 元、34603.45 元，其农村小学、初中、普通高中的生均固定资产也比全国最低的贵州省分别高 1.18 万元、3.53 万元以及 3.81 万元（见表3-3、表3-4）②。可见，省际教育投入水平的差异是悬殊的。

尽管城镇化发展直接导致农村受教育学生数量减少，相应的生均教育收入占有率会有所提高，但影响农村教育投入的主要的原因是地区经济发

---

① 图中数据根据《中国教育统计年鉴 2012》相关数据计算得出。（部分数据缺失）
② 表中数据根据《中国教育统计年鉴 2012》相关数据计算得出。

展水平。2012 年，城镇化处于高级阶段的北京市，其经济发展水平位居全国第二位（2012 年度北京市人均 GDP 为 95123.06 元），而城镇化率处于乡村型阶段的贵州省，其经济发展水平排在全国 31 位（2012 年度贵州省人均 GDP 为 19606.53 元）。可见，经济欠发达是导致其农村教育投入水平偏低的主要原因。

表 3-3　2012 年度农村生均教育经费支出状况（元）

省份	农村幼儿园	农村小学	农村初中	农村普通高中
北京	15276.86	27262.67	47365.17	40222.26
贵州	1820.25	3566.33	4357.33	5618.81

表 3-4　2012 年度农村教育生均固定资产状况（万元）

省份	农村小学	农村初中	农村普通高中
北京	1.50	3.99	4.82
贵州	0.32	0.46	1.01

16 省份农村生均教育经费指数超出全国平均水平。2012 年，我国农村生均教育经费指数的平均水平为 0.327，半数以上省份的生均教育经费指数超过这一全国平均水平（见图 3-12）。在城镇化水平较高的中高级阶段省份，除广东省外，其余 6 省份均以较大幅度超出全国均线。农村生均教育经费指数低于全国均线的省份，大部分集中在城镇化率低于 50% 的 13 个乡村型省份，其中仅有青海、新疆、西藏三省份指数超出全国平均水平。

20 个省份的农村教育生均固定资产指数超过全国平均水平。2012 年，我国农村教育生均固定资产指数的平均水平为 0.440，近三分之二省份的生均固定资产指数超过这一全国平均水平（见图 3-13）。与生均教育经费一样，在城镇化水平较高的中高级阶段省份，除辽宁省外，其余 6 省份的农村教育生均固定资产指数整体上大大超过全国均线。而在城镇化率较低的初级阶段，特别是乡村型省份中，更多地区的生均固定资产指数在全国均线上下徘徊。

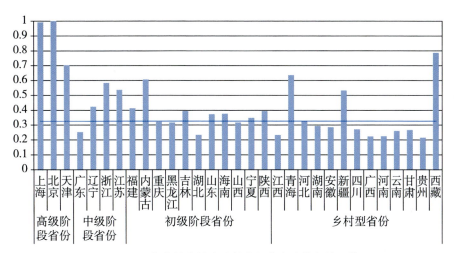

图 3-12　各省份农村生均教育经费支出指数情况①

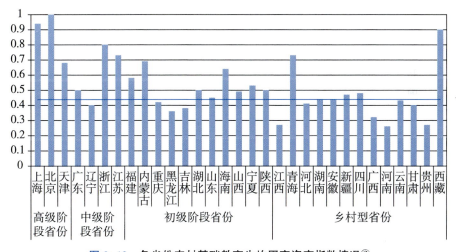

图 3-13　各省份农村基础教育生均固定资产指数情况②

①　图中数据根据《中国教育统计年鉴 2012》相关数据计算得出（西藏农村初中、普通高中数据缺失）。

②　图中数据根据《中国教育统计年鉴 2012》相关数据计算得出（农村幼儿园数据缺失）。

（二）农村基础教育投入水平与城镇化及地区经济发展水平的发展趋势保持一致

农村基础教育投入水平与城镇化水平、地区的经济发展水平密切相关。从相关分析可以看出，农村基础教育投入状况指数与城镇化率的相关系数为 0.549（$P = 0.01$），与人均 GDP 的相关系数为 0.693（$P < 0.01$），说明随着城镇化水平特别是人均 GDP 的提高，农村基础教育的投入水平也会逐渐提高（见图 3-14）。

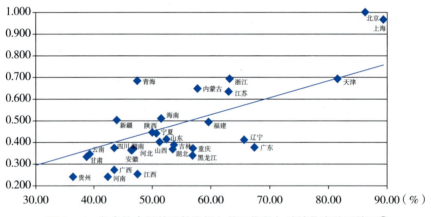

图 3-14 各省份农村基础教育投入状况指数与城镇化率关系情况[①]

在农村基础教育投入状况的两个关键指标中，生均教育经费与生均固定资产与城镇化发展水平的关系都十分密切，它们与城镇化发展水平的相关系数分别为 0.569（$P = 0.01$）和 0.501（$P < 0.05$）。这说明，城镇化水平越高，生均教育经费和生均固定资产越多。但需要指出的是，尽管生均固定资产随城镇化的发展增加，但这种增加的实质仍需要进一步分析，特别是部分地区由于农村学生自然减员、学校撤并等原因出现的"小规模"学校、农村校舍闲置、部分农村学校对教育教学设施的利用率不高等现象，特别警惕这种"繁荣"假象背后的教育资源浪费现状。

---

① 图中数据根据《中国教育统计年鉴 2012》相关数据计算得出（部分数据缺失）。

五、办学条件比较

2012 年度各省份农村各级学校办学条件彼此差距较大，城镇化处于初级阶段和乡村型的省份亟须改善农村学校办学条件。各省份农村学校办学条件高低，主要从各级农村学校生均建筑面积和各级农村学校生均图书册数的差异上显现出来。本部分主要采用农村学校生均建筑面积和农村学校生均图书册数作为衡量农村学校办学条件的重要指标，通过比较和分析各省份之间的差异，来全面、客观地了解并把握农村学校的办学条件基本状况。

（一）11 个省份农村基础教育办学条件处于中高水平

1. 11 个省份农村基础教育办学条件超过全国平均水平

2012 年，我国农村基础教育办学条件指数的平均水平为 0.542，有 11 个省份农村基础教育办学条件指数超过全国平均水平。其中，在城镇化率超过 50% 的 18 个省份中，北京市农村基础教育学校办学条件指数最高，达 0.945。但值得注意的是，仍有 9 个省份的农村基础教育办学条件指数低于全国平均水平，其中 8 个省份集中于城镇化水平处于初级阶段的省份。例如，黑龙江省农村学校办学条件指数最多比全国水平低 0.180，内蒙古自治区农村学校办学条件指数最少比全国水平低 0.017。在城镇化率低于 50% 的 13 个乡村型省份中，仅湖南省和河北省的农村基础教育学校办学条件指数超过或与全国平均水平持平；剩余 11 个省份农村基础教育学校办学条件指数都低于全国平均水平。总体上，农村基础教育学校办学条件状况有待大幅度提高。因此，在城镇化发展过程中，初级阶段和乡村型省份亟须进一步出台政策和专项资金用于改善农村基础教育办学条件，重点扶持农村贫困地区和薄弱学校，杜绝农村超标学校建设，逐步提升农村基础教育学校办学条件，满足农村学生教育教学的基本需要。

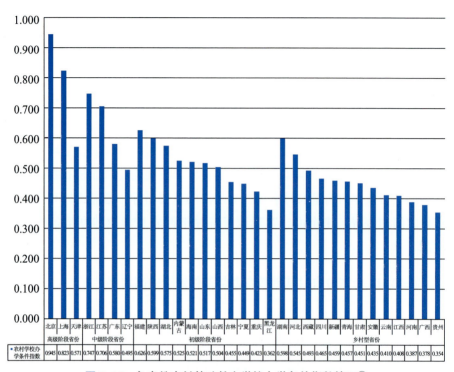

图 3-15　各省份农村基础教育学校办学条件指数情况①

2. 9 个省份农村基础教育学校生均建筑面积指数超过全国平均水平，不同省份农村基础教育学校生均建筑面积极不均衡

2012 年，我国农村基础教育生均建筑面积全国平均指数为 0.535，仅有 9 个省份的生均建筑面积指数超过全国平均水平（见图 3-16）。其中，在城镇化率超过 50% 的 18 个省份中，有 7 个省份的农村基础教育学校生均建筑面积指数超过了平均水平，占比 38.89%；还有 11 个省市农村基础教育学校生均建筑面积指数低于全国平均水平，其中 8 个省份城镇化水平属于初级阶段。黑龙江省农村基础教育学校生均建筑面积指数为 0.396，与全国平均水平相差最多。海南省农村基础教育学校生均建筑面积指数为 0.518，与全国平均水平相差最少。在城镇化率低于 50% 的 13 个乡村型省

———————————

① 图中数据根据《中国教育统计年鉴 2012》相关数据计算得出。

份中，仅有湖南和西藏两个省份农村基础教育学校生均建筑面积指数超过全国平均水平。低于全国平均水平的 11 个省份中，其农村基础教育生均建筑面积指数与全国平均水平指数的差距不等。其中，新疆维吾尔自治区与全国平均水平相差最小，为 0.034；贵州省相差最大，为 0.236。因此，城镇化水平处于初级阶段和乡村型的省份应进一步加强农村学校校园建设，尤其是重点投资贫困地区和薄弱学校的校园建设，缩小农村与城市学校之间生均建筑面积的差距。

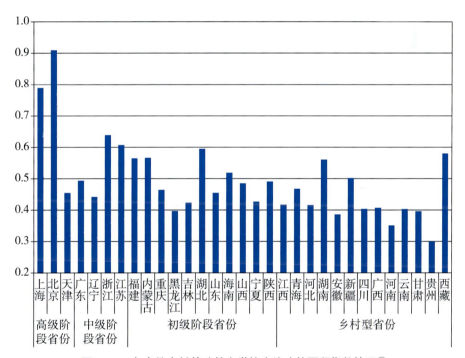

图 3-16　各省份农村基础教育学校生均建筑面积指数情况①

3. 14 个省份农村基础教育学校生均图书册数指数超越全国平均水平，初级阶段和乡村型省份农村学校生均图书册数有待提高

2012 年，我国农村学校生均图书册数指数的平均水平为 0.549，有 14 个省份农村学校生均图书册数指数超过这一全国平均水平（见图 3-17）。

---

①　图中数据根据《中国教育统计年鉴 2012》相关数据计算得出。

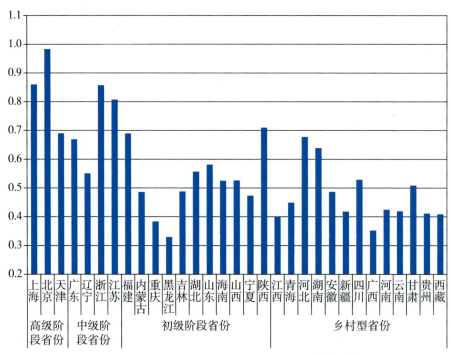

图 3-17　各省份农村基础教育学校生均图书册数指数情况①

以城镇化水平为依据，所有高级阶段省份和中级阶段省份农村学校生均图书册数指数均超越或与全国平均水平持平，除辽宁省与全国平均水平持平外，其余 6 省市农村学校生均图书册数指数超过了 0.600，北京市甚至还达到了 0.982。11 个初级阶段省份中，有 4 个省份农村学校生均图书册数指数超过全国平均水平，但仍有内蒙古、重庆、黑龙江、吉林、山东、山西和宁夏 7 个省份农村学校生均图书册数指数低于全国平均水平。在城镇化率低于 50% 的 13 个乡村型省份中，只有河北和湖南两个省份农村学校生均图书册数指数高于全国平均水平，分别是河北省（0.676）和甘肃省（0.637）。应该引起重视的是，仍有 11 个城镇化发展水平处于乡村型的省份，其农村学校生均图书册数指数低于全国平均水平，其中广西壮族自治

---

① 图中数据根据《中国教育统计年鉴 2012》相关数据计算得出。

区学校生均图书册数指数最低，为 0.350。因此，大多数初级阶段和乡村型省份农村学校生均图书册数亟待提高。为了逐步改善城镇化水平处于初级阶段和乡村型省份的农村学校学生图书匮乏的现状，应统筹城乡区域教育发展时重视图书资源的配置，吸纳社会资源，采纳捐赠、交换和挖掘本土资源等多种渠道，让农村学生享受更多更好的图书资源。

（二）各省份农村基础教育办学条件随城镇化发展逐渐提高

对各省份农村基础教育办学条件与城镇化水平的相关分析可以看出，2012 年两者的相关系数为 0.721 （$P<0.01$），显示各省份农村基础教育的办学条件和城镇化水平呈正相关，且相关显著程度高，说明各省城镇化水平对农村基础教育办学条件的相关程度明显（见图 3-18）。换句话说，城镇化水平越高的省份，其农村基础教育的办学条件也可能较好。具体到农村学校的生均建筑面积和生均图书册数来说，随着各省份城镇化率的提高，可能出现农村学生自然减员而导致的生均建筑面积和生均图书册数的提升。

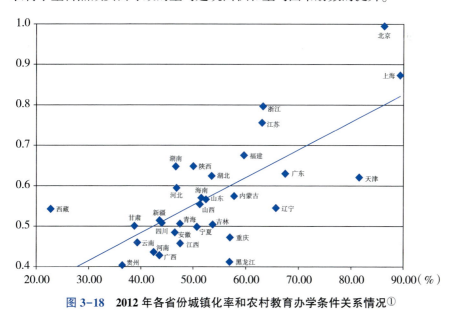

图 3-18　**2012 年各省份城镇化率和农村教育办学条件关系情况①**

---

①　图中数据根据《中国教育统计年鉴 2012》相关数据计算得出。

农村基础教育办学条件指数计算表明，整体上超六成省份农村学校办学条件有待提高，仅有 11 个省份农村学校办学条件超过全国平均水平，且各省份之间差距很大。同时，基于各省份农村基础教育办学条件与城镇化水平呈正相关（0.721，$P<0.01$）这个前提，各省份城镇化水平的提高并没有必然带来农村基础教育办学条件的改善。因此，为了真正提高农村教育的质量，在关注农村教育公平的基础上，更应注重农村办学条件质量的提升，让农村学生享用更好的校园环境和更高品质的图书资源。

六、信息化水平比较

2012 年度农村各级学校的普及状况进一步提高。各省份农村学校信息化水平高低，主要从各级学校每名学生拥有的计算机台数和各级学校建网校比例的差异上显现出来。本部分主要采用农村学校生均计算机台数和农村学校建网学校比例作为衡量农村学校信息化水平的重要指标，通过比较和分析各省份之间的差异，来全面、客观地了解并把握农村学校的信息化发展状况。

（一）58%的省份农村基础教育信息化水平处于中高水平

1. 18 个省份农村基础教育信息化水平超过全国平均水平

2012 年，我国农村基础教育信息化水平指数的平均水平为 0.375，有 18 个省份的信息化水平指数超过全国平均水平（见图 3-19）。其中，在城镇化率超过 50% 的 18 个省份中，有 15 个省份的农村基础教育信息化水平指数超过全国平均水平，北京农村基础教育信息化水平最高，其指数达到 0.978，超过全国平均水平 0.603。但在城镇化率低于 50% 的 13 个乡村型省份中，仅有 3 个省份农村基础教育信息化水平超过全国平均水平，分别是青海省、河北省和甘肃省；剩余 10 个省份农村基础教育信息化水平都低于全国平均水平。说明大多数乡村型省份在城镇化发展过程中，亟须进一步统筹城乡区域教育资源，出台政策和专项资金用于加强农村基础教育计算机和网校配置，逐步提升农村基础教育信息化水平，改善各省份农村基础教育办学条件，为农村基础教育师生享受优质教育资源和现代远程教育创造优良条件。

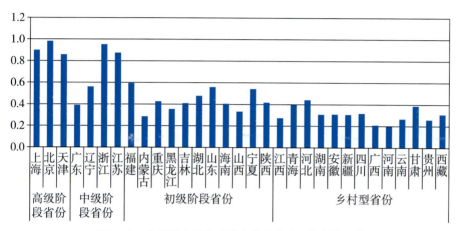

图 3-19 各省份农村基础教育信息化水平指数情况①

2. 16 个省份农村基础教育生均计算机台数指数超过全国平均水平

2012 年，我国农村基础教育生均计算机台数指数的平均水平为 0.431，有 16 个省份超过这一全国平均水平（见图 3-20）。其中，在城镇化率超过 50% 的 18 个省份中，有 12 个省份的农村基础教育生均计算机台数指数超过了平均水平，占比 66.67%；还有广东、内蒙古、重庆、黑龙江、海南和山西 6 个省市农村基础教育信息化水平指数低于全国平均水平，说明这些省市应进一步重视农村基础教育的信息化建设，增加农村基础教育经费投入，提高农村各级学校每百名学生拥有计算机的数量。在城镇化率低于 50% 的 13 个乡村型省份中，仅有 4 个省份农村基础教育生均计算机台数指数超过全国平均水平，分别是青海省、河北省、新疆维吾尔自治区和西藏自治区。剩余低于全国平均水平的 9 个省份，其农村基础教育生均计算机台数指数与全国平均水平指数的差距不等。其中，甘肃省与全国平均水平相差最小，为 0.025；河南省相差最大，为 0.217。说明这些乡村型省份在

---

① 图中数据根据《中国教育统计年鉴 2012》相关数据计算得出。

城镇化发展过程中，注重城乡信息教育资源的统筹，并通过重点向农村教育倾斜的政策提高农村各级学校每百名学生拥有计算机的数量，从而让更多的农村学生利用计算机开展学习。

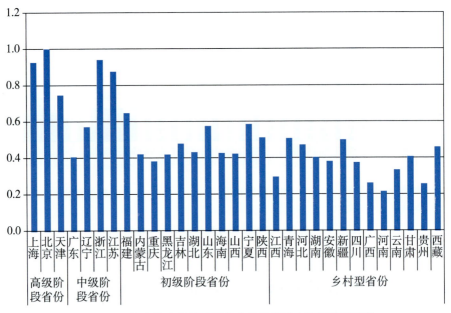

图 3-20　各省份农村基础教育生均计算机台数指数情况①

3. 16 个省份农村基础教育建网学校比例指数超越全国平均水平

2012 年，我国农村基础教育建网学校比例指数的平均水平为 0.319，有 16 个省份的建网学校比例指数超过这一全国平均水平（见图 3-21）。以城镇化水平为依据，所有高级阶段省份和中级阶段省份农村基础教育建网学校比例均超越全国平均水平，其中上海、北京、天津、浙江和江苏 5 个省市农村基础教育建网学校比例指数超过了 0.800，天津市甚至还达到了 0.962。11 个初级阶段省份中有 7 个省份农村基础教育建网学校比例指数超过全国平均水平，仅有内蒙古、黑龙江、山西和陕西 4 省份农村基础教育建网学校比例低于全国平均水平。在城镇化率低于 50% 的 13 个乡村型

---

①　图中数据根据《中国教育统计年鉴 2012》相关数据计算得出。

省份中，只有河北和甘肃两个省份农村基础教育建网学校比例高于全国平均水平，分别是河北省（0.403）和甘肃省（0.358）。应该引起重视的是，11个城镇化发展水平处于乡村型的省份，其农村基础教育建网学校比例指数低于全国平均水平，说明大多数乡村型省份农村基础教育阶段建网学校的比例亟待提高。因此，农村基础教育学校网络建设方面，乡村型省份是信息化建设的重点省份，其比例与城镇化水平高的省份有较大差距，极易成为这些地区农村学校师生接受优质教育资源的障碍。可见，这些省份在城镇化的发展过程中，应将此项工作作为农村基础教育信息化建设的重点。

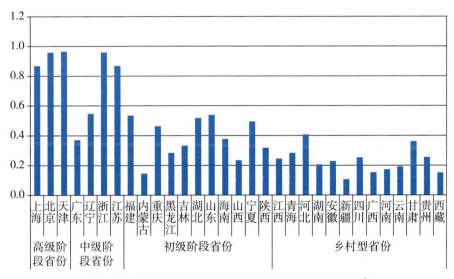

图3-21　各省份农村基础教育建网学校比例指数分布①

（二）各省份农村基础教育信息化水平随城镇化发展逐渐提高

对各省份农村基础教育信息化水平与城镇化水平的回归分析可以看出，2012年两者的相关系数为0.799（$P<0.01$），显示各省份农村基础教育的信息化水平和城镇化水平呈正相关，且相关显著程度高，说明各省城

---

① 图中数据根据《中国教育统计年鉴2012》相关数据计算得出。

镇化水平对农村基础教育信息化水平的相关程度明显（见图3-22）。换句话说，城镇化水平越高的省份，其农村基础教育的信息化水平也可能较高。就农村学校每百名学生计算机台数和农村建网学校比例来说，各省份城镇化水平的提高为上述两方面的改善提供了潜在的基础和可能，进一步提升计算机和网络用于教学和学生学习，应是提升农村基础教育信息化的重点。

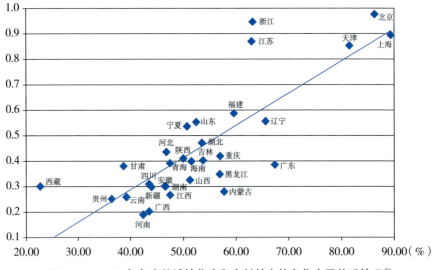

图 3-22 **2012年各省份城镇化率和农村教育信息化水平关系情况**①

综上所述，2012年间，各省农村教育随着区域内城镇化水平的提高获得持续发展，省际农村教育发展水平差异巨大。教育投入悬殊是造成省际差异较大的主因。例如，北京市的农村初中生均教育经费支出为47365.17元，而贵州省仅为4357.33元，相差4万余元。由于投入水平不同，造成各省份农村教育发展的师资状况、办学条件等指标差异明显。此外，部分省份的农村教育发展水平低于其城镇化发展水平，为达到与城镇化发展形成良性促进的态势，农村教育仍需在巩固普及水平、确保硬件达标、推进教育公平的基础上，进一步提升教育质量。目前，"全国中小学校舍安全

① 图中数据根据《中国教育统计年鉴2012》相关数据计算得出。

工程"、《农村义务教育薄弱学校改造计划》等，使我国农村基础教育办学条件迈上了新台阶。数据也表明，各省份农村教育硬件指标的改善幅度高于师资状况等软件指标的改善情况。硬件达标使得农村学生获得教育的起点公平成为可能。要提高农村教育质量，使农村学生接收到更加适合的教育，进一步实现教育过程公平，还需要在提高师资水平、增强教育资源的有效利用等方面下大力气。农村义务教育学校教师特岗计划、国培计划、"农村中小学远程教育工程"等重大政策，为各省份农村教育走内涵发展之路提供了强大的政策支持和制度保障。

七、问题与讨论

2012 年度我国各省份农村教育发展既取得了明显成绩，也存在显而易见的问题和挑战。

（一）问题与挑战

1. 省际农村教育发展水平悬殊

农村教育发展指数最高的北京市和最低的河南省，两者相差 0.464。特别是在办学条件、信息化建设、教育投入等方面，两省间差距更是悬殊，这是造成省际差异的主要原因。而信息化指数又与教育投入息息相关。可见，在不考虑各省教育政策和制度设计、农村教育的已有发展基础等原因的基础上，教育投入差异过大是造成省际农村教育发展整体水平悬殊的主因。教育投入差异过大，则与各省财政收入以及地方政府的重视程度密切相关。农村教育整体发展水平，特别是农村教育质量的省际差异过大，在一定程度上会导致农村适龄儿童向教育强区转移，造成教育资源的缺乏和浪费，引发"马太效应"，而且加剧群众对教育不公的直观感受，不利于社会的和谐发展。

2. 部分省份的农村教育平均班额状况堪忧

我国目前仍有 12 个省份农村教育的平均班额指数低于或与全国农村均

线持平，且集中于人口大省，说明这些省份的农村教育平均班额状况仍然堪忧。尽管有 19 个省份农村教育的平均班额指数优于全国农村平均水平，但部分省份的部分学段平均班额情况也并不乐观。例如，尽管上海市农村教育平均班额指数优于全国农村均线，但在农村小学阶段，其平均班额为42.27 人，远高于全国农村平均的 35.35 人。农村学校布局调整是造成部分省份农村学校平均班额过高的主因。例如，2010 年数据显示，全国农村小学在 10 年间的撤并率约为 49.3%，而同时期农村小学生仅减少了37.82%。可见，农村小学生减少速度远远低于农村小学撤并速度，大班额现象产生就不足为奇。

3. 大部分省份农村基础教育升学率亟待提高

在各省份农村教育普及水平不断提高的进程中，相较而言，农村基础教育提高升学率即改善上一级学校入学率，仍是提升农村普及水平的关键问题。2012 年，全国 18 个省份农村基础教育升学率低于全国农村平均水平，且多数分布于城镇化发展水平低于 50% 的乡村型省份中，造成我国大部分省份农村基础教育阶段升学率低的原因是师资力量薄弱、部分地区教育投入不到位、教师队伍不稳定等。

4. 大部分省份的农村基础教育硬件水平有待提高

2012 年，有 22 个省份农村基础教育生均建筑面积指数低于全国农村平均水平，17 个省份生均图书册数同样低于全国农村平均水平。这些省份多集中于城镇化率处于初级阶段和乡村型的省份。相较于生均图书册数，农村基础教育生均建筑面积状况方面问题更为突出，低于全国平均水平的省份分布广，与发达省份差距大。例如，城镇化率处于初级阶段的黑龙江省农村基础教育生均建筑面积指数为 0.396，与全国平均水平相差 0.139；城镇化率处于乡村型省份的贵州省农村基础教育生均建筑面积指数最低，为 0.299，与全国平均水平相差 0.236。农村学校撤并之后，享受相对优质教育资源的学生相对集中，客观上造成农村基础教育阶段生均建筑面积逐渐降低，且这种现象会分布于各个城镇化水平的省份中。

5. 乡村型省份农村基础教育信息化水平亟待提高

在近 60% 的省份农村基础教育信息化水平超过全国水平的前提下，低于全国平均水平的省份较为明显地集中于乡村型省份中，即13个乡村型省份中就有10个低于全国平均水平。具体而言，生均计算机台数指数有9个省份低于全国水平，其中甘肃与全国平均水平相差最小，为0.025；河南相差最大，为0.217；建网校比例指数有11个省份低于全国水平。相较而言，农村基础教育信息化水平与普及、升学率、师资等方面的建设比较起来，不太容易受到重视，教育投入比较缺乏；同时，农村基础教育阶段信息化水平的建设，相较其他方面，与当地社会的信息化水平和网络建设水平息息相关，极易受到当地信息化建设的影响。

（二）对策与建议

1. 加大农村教育发展弱省的教育经费投入

国家财政性教育经费占国内生产总值4%的投入指标是世界衡量教育水平的基础线。2013年全国教育工作会议上指出，2012年全年财政性教育经费支出达2万亿元左右，占国内生产总值的比重首次达到4%。在此背景下，增加的教育经费流向何处、如何使用成为关键。要缩小城乡教育差距，缩小省际教育差距，显著提高弱省农村教育整体发展水平，需要在教育经费投入和使用上做到保优先、抓落实和补空缺。

首先，确保各省份农村教育优先发展。基础教育特别是义务教育阶段基础教育致力于构建城乡一体化的公共教育服务体系，其出发点是促公平、保基准，所以应该让有限的教育投入流向短板和弱势，实现"雪中送炭"。其次，实抓农村教育的经费落实和使用监管。要充分确保各省份落实国家财政性教育经费占本省国内生产总值4%这一教育投入基线，加强教育经费使用的前期论证、评估评审及绩效评价等具体工作。再次，健全农村教育经费保障体系。中央财政加大转移支付力度，省级财政加大对基础教育的统筹力度，来弥补部分县乡财政的保障力度有限、农村教育经费不足的困境。

2. 积极推进农村教育弱省教师资源配置到位

提高农村教育普及水平的关键是增加教师资源配置。农村教师数量不足造成部分地区平均班额过大，教师工作任务繁重，专业发展和素质提升无暇顾及。现有的教师编制管理显然已经不适应我国农村教育发展的实际。当前农村教育平均班额减小、生师比降低的现状，更多受到农村学生自然减员的影响，而非教育部门努力的结果。需要改变目前"一刀切"式的配置方式，积极推进城乡统一的中小学教职工编制标准，分省份、分地区、分类型、分阶段地制定相关指导意见，赋予地方教育当局灵活调控的权利。

3. 重点强调人口大省农村基础教育均衡发展

各省份农村基础教育班额指数统计表明，大班额多集中在人口大省的农村学校中。这些人口大省的农村基础教育出现大班额现象，一是由于撤点并校，以及农村家长追求优质教育资源；另一原因就是这些省份固有的适龄儿童数量的巨大。因此，人口大省为降低农村基础教育平均班额，一是需要建立人口大省农村基础教育均衡发展管理考核机制，调整国家教育投入的分配结构，杜绝农村学校为了经费而盲目扩招和挤占学生发展配套资源。二是多管齐下，明确责任，建立城镇新增学校的修建机制。根据常住人口情况，从规划、建设、财政、人社、编办、教育等部门，明确各个管理部门的相关责任，齐抓共管，尽快在农村地区新建与经济社会发展适应的学校数量。三是推行农村"大学区"管理。在"大学区"内实现设施资源、教师资源、课程资源、信息资源和管理资源的共享，保障辖区内所有农村学生的平等教育权利。四是城镇优质高中招生指标分配到农村初中，增强农村学校的办学吸引力。

第四章

我国的城乡教育发展差异

《教育规划纲要》和《国家教育事业第十二个五年计划》颁布以来，我国适应经济社会发展，协调教育内外部关系，坚持优先发展教育，不断调整优化教育规模、布局和结构，提高教育普及水平、办学条件和效益，研究解决当前教育改革与发展的重点难点问题，回应人民群众的教育需求，教育投入大幅增长，办学条件显著改善，教育改革逐步深化，教育改革发展成就显著，办学水平不断提高。但是，由于城乡二元结构的差异，导致城市教育和农村教育在教育机会、办学条件、教育投入、教育质量等许多方面还存在差异。为了全面、客观、准确地描述和比较我国城乡教育发展的差异状况，也为推进教育公平提供科学依据，本研究根据农村教育发展指数的指标体系，构建了城乡教育差异的指标体系。城乡教育差异指标体系在指标选取上与农村教育发展指数一致。表4-1为我国城乡教育差异指数的评价指标。

表4-1　中国城乡教育差异指数评价指标

一级指标	二级指标	三级具体项目	取值范围
普及状况	X1 城市农村学校平均班额的比值	学前、小学、初中、高中	20～50，25～70
	X2 城市农村教育升学率的比值	学前、小学、初中、高中	0～1

续表

一级指标	二级指标	三级具体项目	取值范围
师资状况	X3 城市农村学校生师比的比值	学前、小学、初中、高中	0～30，0～100
	X4 城市农村教师学历合格率的比值	学前、小学、初中、高中	0～1
投入状况	X5 城市农村生均教育经费的比值	小学、初中、高中	15000，20000
	X6 城市农村生均固定资产的比值	小学、初中、高中	10000，20000，40000
办学条件	X7 城市农村生均建筑面积的比值	学前、小学、初中、高中	7，13，20，60
	X8 城市农村生均图书册数的比值	学前、小学、初中、高中	6，30，50，60
信息化水平	X9 城市农村生均计算机台数的比值	小学、初中	15，20
	X10 城市农村建网学校比例的比值	小学、初中	0～1

城乡教育差异指数在每一个具体项目的得分由农村教育指标得分除以城市教育指标得分，指数合成方法与农村教育指数的计算方法一致。需要说明的是，城乡教育差异指数得分越高，说明城乡教育差异越小。

一、我国城乡教育差异呈现缩小趋势

近年来，由于我国各级教育发展的地方自主权较大，因此地区教育发展城乡差异状况也比较大。但各个地区间的教育发展城乡差异状况如何，以往仅凭经验判断，或依据入学率、财政投入等单一指标进行描述。本研究通过构建教育发展城乡差异状况的评估体系并进行公平指数的计算，全面客观地分析我国教育发展城乡差异状况的发展趋势。

我国城乡教育差异状况指数是在我国农村教育发展指数基础上构建的，其指标与我国农村教育发展指数相同，包括普及状况、师资状况、投入状况、办学条件、信息化水平等 5 个一级指标。每个一级指标下有 2 个二级指标，共包括平均班额、入学率、生师比、教师学历合格率、生均经费支出、生均固定资产、生均教室面积、生均图书册数、生均计算机台数、生均建网学校比例等 10 个二级指标。每个二级指标下包括学前、小学、初中、高中等 2 至 4 个学段的具体项目，一共 36 个三级具体项目。城乡教育差异指数的计算过程和方法与农村教育发展指数的计算过程和方法一致。

（一）我国城乡教育差异总体呈现缩小趋势

本研究根据构建的城乡教育差异状况的评价体系，使用《中国教育统计年鉴》《中国教育经费统计年鉴》《中国统计年鉴》以及《全国教育事业发展简明统计分析》中的最新数据，对我国 2007 年至 2012 年城乡教育差异总指数进行了计算。计算结果显示，2007 年至 2012 年，我国城乡教育差异指数呈现逐年递增的趋势，说明我国城乡教育差异呈现逐渐缩小的趋势（见图 4-1）。

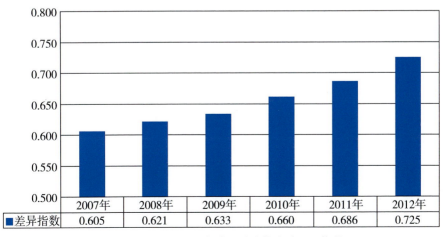

	2007年	2008年	2009年	2010年	2011年	2012年
差异指数	0.605	0.621	0.633	0.660	0.686	0.725

图 4-1　2007—2012 年我国城乡教育差异总指数

（二）我国城乡教育差异各指标均呈现缩小趋势

对 5 项一级指标分析发现，2007 年至 2012 年，5 项指标指数得分均不断提高，说明近年来我国城乡教育差异各项指标均呈现不断缩小的趋势。通过进一步分析发现，近年来随着我国社会经济的持续健康发展，我国教育普及状况、师资状况、投入状况、办学条件和信息化水平的城乡差异在逐渐缩小（见图 4-2）。

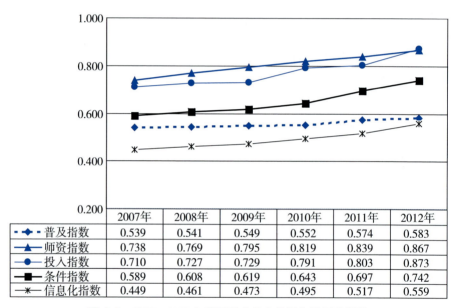

	2007年	2008年	2009年	2010年	2011年	2012年
普及指数	0.539	0.541	0.549	0.552	0.574	0.583
师资指数	0.738	0.769	0.795	0.819	0.839	0.867
投入指数	0.710	0.727	0.729	0.791	0.803	0.873
条件指数	0.589	0.608	0.619	0.643	0.697	0.742
信息化指数	0.449	0.461	0.473	0.495	0.517	0.559

图 4-2　2007—2012 年我国城乡教育差异各指标的指数

二、我国城乡教育差异存在地区差异

由于受到社会经济条件和地理环境等条件影响，使得我国城乡教育差异状况具有很大的地方依赖性，并表现出明显的区域差异和省际差异。

（一）各省份城乡教育差异差距明显，北京市最好而广东省最差

依据最新数据，本研究对我国除西藏外的 30 个省份的城乡教育差异指数进行了比较分析（由于西藏缺少高中教师学历合格率的城乡差异统计数据，难以计算其城乡教育差异指数，因此不对其进行城乡教育差异状况比较）。统计结果显示，30 个省份城乡教育差异指数从高到低依次排列如下：北京、浙江、福建、上海、河北、山西、天津、陕西、内蒙古、山东、辽宁、江苏、海南、黑龙江、新疆、湖南、宁夏、湖北、吉林、甘肃、四川、云南、青海、广西、江西、贵州、安徽、河南、重庆、广东。

2012 年，我国城乡教育差异指数为 0.725。按城乡教育差异指数大小可以将各省份城乡教育差异分为 3 组。城乡教育差异较小地区（0.750 以上）有 11 个：北京、浙江、福建、上海、河北、山西、天津、陕西、内蒙古、山东、辽宁。城乡教育差异一般地区（0.650～0.749）有 15 个：江苏、海南、黑龙江、新疆、湖南、宁夏、湖北、吉林、甘肃、四川、云南、青海、广西、江西、贵州。城乡教育差异较大地区（0.650 以下）有 4 个：安徽、河南、重庆、广东（见图 4-3）。

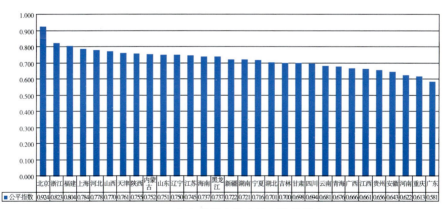

图 4-3　30 个省份教育综合发展指数排名

（二）东部地区城乡教育差异小于中西部地区

由于不同地区社会经济条件及各地领导重视程度、财政投入力度、管

理水平等的差异巨大，造成了不同地区城乡教育差异状况呈现不同的特点。统计分析发现，东部、中部、西部①城乡教育差异状况具有明显的差别和不同的特点。东部地区的城乡教育差异指数得分明显高于全国平均水平，中部地区的城乡教育差异状况和西部地区则在全国平均线以下。从5项具体指数来看，东部各项指数均明显高于中西部和全国平均线，其中在信息化程度指标上表现得尤为明显；中部地区普及指数、条件指数和信息化指数略高于西部地区，但西部地区投入指数高于中部地区（见图4-4）。

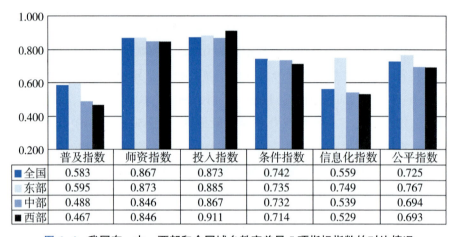

	普及指数	师资指数	投入指数	条件指数	信息化指数	公平指数
全国	0.583	0.867	0.873	0.742	0.559	0.725
东部	0.595	0.873	0.885	0.735	0.749	0.767
中部	0.488	0.846	0.867	0.732	0.539	0.694
西部	0.467	0.846	0.911	0.714	0.529	0.693

图4-4 我国东、中、西部和全国城乡教育差异5项指标指数的对比情况

（三）东部地区城乡教育差异差距明显，北京市最高而广东省最低

从东部11个省份的总体状况来看，东部地区平均水平高于全国平均水平。但各省份城乡教育差异指数存在明显的差距，北京、浙江、福建、上海等省（市）的城乡教育差异指数得分高于全国平均水平和东部平均水平；而广东省的城乡教育差异指数得分在东部地区最低。从5项指标来看，11个省份间的各项指标也呈现出较大的差异。相对而言，各省份师资指数

---

① 本研究对东中西部的划分标准根据国家统计局（2011）的划分标准：东部地区包括北京、天津、河北、辽宁、上海、江苏、浙江、福建、山东、广东、海南11个省（市）；中部地区包括山西、吉林、黑龙江、安徽、江西、河南、湖北、湖南8个省；西部地区包括内蒙古、广西、重庆、四川、贵州、云南、西藏、陕西、甘肃、青海、宁夏、新疆12个省（市、自治区）。

差异较小，而信息化指数的差异最大。信息化指数最高的北京市（0.988）比最低的广东省（0.424）高133%；师资指数最高的北京市（0.971）比最低的广东省（0.728）高33%（见表4-2）。

表4-2　东部11个省份教育发展城乡差异分项指数情况

省份	普及指数	师资指数	投入指数	条件指数	信息化指数	公平指数
北京	0.811	0.971	0.999	0.849	0.988	0.924
浙江	0.640	0.923	0.832	0.811	0.908	0.823
福建	0.522	0.891	0.995	0.817	0.796	0.804
上海	0.645	0.887	0.864	0.760	0.765	0.784
河北	0.454	0.916	0.983	0.820	0.718	0.778
天津	0.642	0.817	0.870	0.590	0.888	0.761
山东	0.581	0.874	0.950	0.743	0.607	0.751
辽宁	0.648	0.870	0.881	0.672	0.682	0.750
江苏	0.590	0.869	0.776	0.693	0.798	0.745
海南	0.454	0.853	0.925	0.791	0.663	0.737
广东	0.561	0.728	0.656	0.536	0.424	0.581
东部	0.595	0.873	0.885	0.735	0.749	0.767
全国	0.583	0.867	0.873	0.742	0.559	0.725

（四）中部地区城乡教育差异相对较小，山西省最高而河南省最低

中部地区8个省份的城乡教育差异指数得分略低于全国平均水平，省际差异相对不大。相对而言，山西省和黑龙江省城乡教育差异指数得分最高，安徽省和河南省城乡教育差异指数得分最低。从5项指标来看，信息化指数的差异相差较大，而其他各项差异相差不大。信息化指数最高的山西省（0.738）比最低的河南省（0.388）高80%；普及指数最高的湖北省（0.561）比最低的山西省（0.437）高28%（见表4-3）。

表4-3　中部8个省份教育发展城乡差异分项指标情况

省份	普及指数	师资指数	投入指数	条件指数	信息化指数	公平指数
山西	0.437	0.877	0.982	0.814	0.738	0.770
黑龙江	0.509	0.907	0.996	0.747	0.525	0.737
湖南	0.495	0.879	0.804	0.824	0.605	0.721
湖北	0.561	0.774	0.960	0.685	0.525	0.701
吉林	0.382	0.938	0.839	0.730	0.609	0.700
江西	0.476	0.758	0.755	0.807	0.511	0.661
安徽	0.522	0.809	0.799	0.680	0.406	0.643
河南	0.519	0.825	0.803	0.572	0.388	0.622
中部	0.488	0.846	0.867	0.732	0.539	0.694
全国	0.583	0.867	0.873	0.742	0.559	0.725

（五）西部地区城乡教育差异较大，陕西省最高而贵州省最低

西部11个省份城乡教育差异指数明显低于全国平均水平，省际差异也比较大。除了陕西省和内蒙古自治区城乡教育差异指数得分高于全国平均水平外，其他省份城乡教育差异指数得分在全国平均线以下。从5项具体指标来看，各省间各项指标的差异很大。信息化指数最高的陕西省（0.650）比最低的广西壮族自治区（0.324）高100%；普及指数最高的四川省（0.523）比最低的甘肃省（0.347）高51%（见表4-4）。

表4-4　西部11个省份教育发展城乡差异分项指标情况

省份	普及指数	师资指数	投入指数	条件指数	信息化指数	公平指数
陕西	0.476	0.900	0.924	0.823	0.650	0.755
内蒙古	0.463	0.918	1.000	0.832	0.547	0.752
新疆	0.521	0.900	1.000	0.755	0.432	0.722
宁夏	0.511	0.821	0.959	0.644	0.645	0.716
甘肃	0.347	0.812	0.995	0.726	0.611	0.698

续表

省份	普及指数	师资指数	投入指数	条件指数	信息化指数	公平指数
四川	0.523	0.784	0.853	0.703	0.607	0.694
云南	0.444	0.830	0.940	0.640	0.550	0.681
青海	0.424	0.915	0.888	0.714	0.440	0.676
广西	0.448	0.879	0.921	0.760	0.324	0.666
贵州	0.477	0.789	0.862	0.636	0.514	0.656
重庆	0.504	0.757	0.677	0.622	0.503	0.613
全国	0.583	0.867	0.873	0.742	0.559	0.725
西部	0.467	0.846	0.911	0.714	0.529	0.693

三、多种因素影响城乡教育差异状况

城乡教育差异受到经济发展水平、领导重视程度、国家教育政策等多种因素的影响和制约。本研究重点研究了经济发展状况、城镇化水平和地区综合发展水平等因素对城乡教育差异状况的影响。结果发现，经济的发展、城镇化水平的提高、地区综合发展水平的提升能够促进城乡教育差异状况的改善。

（一）经济的发展能够改善城乡教育差异状况

经济是社会发展的物质基础，教育的发展也必然以经济发展为前提。经济发展水平的高低直接决定了政府的财政能力，并进一步影响其教育资源投入的多少，继而影响到生均教育经费的多少以及教师的数量和质量等。因此，经济发展可以扩大教育规模，改善教育条件，提高教育质量。教育是经济社会发展的重要动力源泉，其对经济发展的影响是巨大的、长期的、潜在的、导向性的。二者互为依存，相互促进，具有很强的互动性。

从各省份城乡教育差异指数与其人均 GDP 的关系来看，城乡教育差异指数得分最高的上海、北京、天津等省市，其人均 GDP 也最高；城乡教育差异指数得分最低的贵州、甘肃、云南等省份，其人均 GDP 也较低。回归分析发现，人均 GDP 对城乡教育差异指数的回归系数为 0.606（$t=4.032$，$P<0.01$），说明人均 GDP 对城乡教育差异状况的影响作用明显，表明经济的发展能够促进城乡教育差异状况的改善（见图 4-5）。

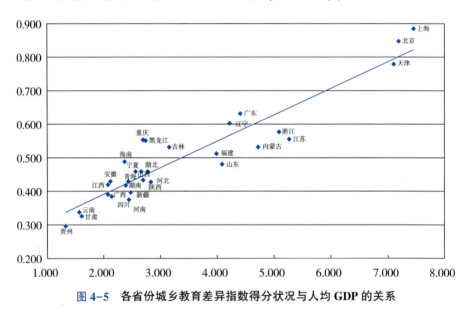

图 4-5 各省份城乡教育差异指数得分状况与人均 **GDP** 的关系

（二）城镇化水平影响城乡教育差异状况

城镇化是指农村人口不断向城镇迁移、农村生产生活方式逐步向城镇进化、农村文明持续向城镇文明转型发展的过程。城镇化是我国社会结构的一个历史性巨变，对经济社会各方面均产生深刻影响。在我国城镇化不断推动的大背景下，城镇化深刻地影响了人口流动趋势、学校硬件建设和软件建设、学校布局和教育意识形态等，城镇化对于教育投入、教师待遇、校舍建设等也产生了深远的影响。

从各省份城乡教育差异指数得分与其城镇化率的关系来看，城镇化率最高的北京、天津、浙江等省（市），其城乡教育差异指数得分也较高；

城镇化率较低的甘肃、云南、贵州等省份，其城乡教育差异指数得分也较低。回归分析发现，城镇化率对城乡教育差异指数的回归系数为 0.522（$t=3.236$，$P<0.01$），说明城镇化率对城乡教育差异状况的影响作用明显，表明城镇化水平能够促进城乡教育差异状况的改善（见图4-6）。

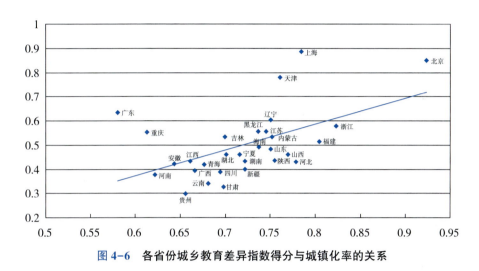

图 4-6 各省份城乡教育差异指数得分与城镇化率的关系

（三）城乡教育差异状况与地区综合发展水平相关密切

区域综合发展水平是指一个地区的经济、民生、社会、生态、科技、民意等领域综合实力在量上的规定，包含经济发展、民生改善、社会进步、生态文明、科技创新、公众评价等方面的内容，它表明区域综合发展水平的高低。那么，区域综合发展水平与城乡教育差异之间存在什么样的关系呢？本研究对它们之间的关系进行了探讨。

从各省份城乡教育差异指数得分与其区域综合发展指数①的关系来看，区域综合发展指数最高的北京、天津、浙江、江苏等省市，其城乡教育差异指数得分也最高；区域综合发展指数较低的甘肃、青海、新疆等地区，其城乡教育差异指数得分也较低。相关分析发现，区域综合发展指数与城

---

① 地区综合发展指数使用中国统计学会对各地区综合发展指数进行的测算数据。

乡教育差异指数的相关系数为 0.544（$t=3.434$，$P<0.01$），说明城乡教育差异与区域综合发展水平相关密切（见图4-7）。

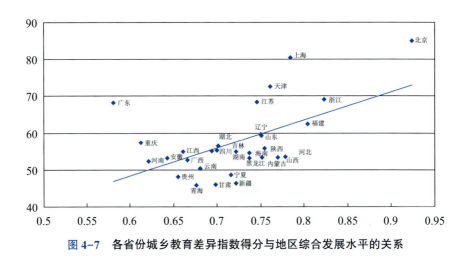

图 4-7　各省份城乡教育差异指数得分与地区综合发展水平的关系

总体来看，经济发展、城镇化水平提高、区域综合发展水平提高能够促进城乡教育差异状况的改善。随着我国和各地区经济发展状况的不断改善，我国城乡教育差异状况也会越来越好。当然，研究也发现，城乡教育差异状况与经济发展、城镇化水平提高以及地区综合发展水平并不是完全同步的关系，这意味着城乡教育差异状况的改善不仅受到经济发展水平的制约，也受到各地领导重视程度、教育政策的合理性及执行力度、财政投入力度、政府管理水平、人口结构特征、社会文化环境、城乡差异状况、文化发展水平等多方面因素的影响。因此，在后续研究中我们将进一步探讨城乡教育差异状况与民生发展水平、文化发展水平、基尼系数、信息化发展指数、文化发展指数等方面的关系，全方位分析城乡教育差异状况的影响因素。

四、问题与讨论

近年来，我国城乡教育差异呈现不断缩小的趋势，但是不同区域间的城乡教育差异仍然较大，仍然需要大力促进教育公平，逐步缩小城乡差距。

（一）我国在缩小城乡教育差异方面取得的主要成就

改革开放以来特别是近些年来，党和政府坚持把教育放在改善民生和加强社会建设的首要位置，把发展农村教育作为重要教育政策，在缩小城乡教育差异方面迈出重大步伐，取得重要进展。

1. 改善农村办学条件

研究发现，2007 年至 2012 年，我国城乡教育办学条件的差异指数得分逐渐提高，这与国家近年来不断加大农村办学条件改善力度有关。针对农村办学条件差的问题，国家先后实施了农村中小学现代远程教育工程、"教学点数字教育资源全覆盖"项目、中西部农村初中校舍改造工程、农村寄宿制学校建设工程、农村义务教育薄弱学校改造计划、农村学前教育推进工程等一系列工程项目，农村学校基础设施得到了很大改善。汶川地震后，实施了全国中小学校舍安全工程，重点加固改造地震断裂带等重点灾害地区的校舍，三年来中央投入 300 亿、地方投入 3500 多亿，农村学校安全条件大幅改善。

2. 加强农村教师队伍建设

研究发现，2007 年至 2012 年，我国城乡教育教师队伍的差异指数得分逐渐提高，这与国家重视农村教育队伍建设有关。针对农村教师短缺、优秀教师下不去、留不住等问题，从 2006 年起，国家实施了"农村义务教育阶段学校教师特设岗位计划"，鼓励高校毕业生到农村任教。计划实施以来，共招聘 30 万名特岗教师，其中 80% 留在当地从教。从 2007 年起，在教育部 6 所直属师范大学实施师范生免费教育，每年招收 1 万名免费师范生。这一政策实施以来，共招收免费师范生 7.2 万名，90% 以上的毕业生到中西部中小学任教，为农村培养输送了大批优秀教师。从 2010 年起，国家实施国家级中小学教师培训计划，中央财政共投入 26 亿元，培训农村教师 328 万人，占培训总数的 95%。从 2010 年起，中央财政投入 108 亿，实施边远艰苦地区农村学校教师周转宿舍建设，改善了农村教师的安居条件。

3. 加大农村教育投入力度

研究发现，2007 年至 2012 年，我国城乡教育投入的差异指数得分逐渐提高，这与国家不断加强对农村地区的投入力度有关。从 2011 年秋季学期开始，在集中连片特殊困难地区，国家启动农村义务教育学生营养改善计划试点，按照每个学生每天 3 元的标准提供膳食补助，覆盖中西部 699 个县，同时还有 19 个省份、259 个县开展地方试点，共惠及 3000 多万学生。这是我国第一次大规模的营养干预计划，世界银行、联合国粮食开发计划署和儿童伙伴组织的专家考察后给予了高度评价。

（二）我国城乡教育存在的主要问题

在党中央、国务院的领导下，经过多方面的努力，我国城乡教育差异呈现缩小趋势，取得重要进展和显著成绩，但还存在诸多困难和问题。

1. 中西部地区城乡教育差异仍然较大

由于自然条件和历史因素等，我国东中西部地区经济社会发展水平相差悬殊。全国人均国内生产总值为 6100 美元，东部地区上万美元的省份有好几个，而中西部省份大多不到 5000 美元，有的省份还要低一些。受此影响，中西部地区教育总体落后，特别是一些边远、贫困以及少数民族地区办学困难。研究也发现，我国东部、中部、西部地区教育发展城乡差异状况具有明显的差别和不同的特点，东部地区城乡的教育指数明显高于全国平均水平，中部地区和西部地区城乡教育差异指数则在全国平均线以下，中西部地区城乡教育差异依然较大。

2. 城乡教育差异仍然较大

长期以来，受城乡二元结构的影响，我国农村教育相对落后。近年来，国家将教育经费向农村倾斜，特别是将农村义务教育全面纳入财政保障范围，但要从根本上改变农村教育的落后面貌还需要较长的时间，面临不少实际困难。研究也发现，近年来，我国城乡教育差异指数得分虽然呈现缩小的趋势，但是 2012 年城乡教育差异指数得分只有 0.725 分，离理想值仍然存在较大差异。从城乡教育差异分指标指数得分来看，虽然师资指数和投入指数在 0.8 以上，但是普及指数和信息化指数仍然在 0.6 以下，改变城乡教育差异状况仍然有很长的路要走。

3. 各省市城乡教育差异较大

由于我国各省市之间在经济、社会、文化以及教育等诸多方面的不均衡依然存在，导致不同省市之间的教育发展城乡差异水平存在着巨大差距。研究也发现，各省市城乡教育差异指数得分差距较大，例如城乡教育差异指数得分最高的北京市为 0.921 分，而指数得分最低的广东省只有0.581 分。

（三）缩小我国城乡教育差异的对策

我国城乡教育差异存在的问题既有整个经济社会发展的影响，也有教育自身改革发展的原因；既有历史积累的老问题，也有新形势带来的新情况。缩小城乡教育差异仍然任重道远。

1. 聚焦特殊困难群体，保障每一个孩子都有学上

目前，我国教育规模位居世界首位。但研究发现，城乡教育差异普及指标指数得分仍然最低。在我国，一些特殊困难群体受教育的条件还不足，随迁子女、流动儿童和残疾儿童等接受义务教育还存在不少困难。为此，一是深入实施"教育扶贫工程"，关注贫困地区儿童教育，编织一张贫困地区儿童成长的安全网，保障每一个孩子"有学上"，实现每个公民"学有所教"。二是积极推动进城务工人员子女平等接受教育，尽量满足随迁子女在公办学校接受义务教育，保障进城务工人员随迁子女在依法举办的民办学校接受教育。三是解决好留守儿童教育问题，全面改善农村寄宿制学校条件，加强寄宿制学校管理，改善留守儿童教育条件。四是落实好"特殊教育行动计划"，通过扩大特殊教育学校招生规模、加大普通学校随班就读和特教班工作力度、组织开展送教上门服务等多种形式，提高残疾儿童、青少年的义务教育普及水平。

2. 改善农村教育资源配置，使每一所学校都达到基本办学条件

近年来，针对农村办学条件差的问题，我国先后实施了农村中小学现代远程教育工程、中西部农村初中校舍改造工程、农村义务教育薄弱学校改造计划等一系列工程项目，农村学校基础设施得到了很大改善。但研究

发现，城乡教育差异的办学条件和信息化指数得分仍然较低，贫困地区农村薄弱学校基本办学条件仍然堪忧。为此，各级政府要以标准化、均等化为重要抓手，全面改善农村义务教育薄弱学校基本办学条件。一是配齐教学设施。保证教室符合抗震、消防安全要求，每名学生有合格的课桌椅，配备必要的教学仪器和图书，因地制宜建设运动场，保障学生锻炼和活动空间。二是配齐生活设施。每名寄宿学生有一个标准床位，配备必要的洗浴设施，食堂或伙房满足学生就餐需要，确保学生饮水安全。三是办好教学点。要坚持办好必要的教学点，全方位提高教学点保障水平，确保正常运转。

3. 加大农村教育投入力度，保障各级各类教育协调发展

近年来，各级政府不断加大对农村教育的支持力度。2012 年以来财政性教育经费占国内生产总值比例持续保持在 4% 以上，教育投入达到新水平。研究也发现，城乡教育差异的投入指数得分虽然较高，但是有些省份投入差异仍然较大。为此，要加大对农村地区教育投入力度，保障各级各类教育协调发展。一是坚持教育投入依法增长。督促各地落实法定增长，推动各地建立各级教育生均拨款制度，依法保障财政教育投入。二是提高经费使用效益。主动顺应国家财税体制改革方向，编好中期财政教育投入规划，加大教育专项整合力度，加快年度预算执行，盘活存量资金。三是确保资金使用安全规范。健全预算执行绩效评价制度、预算执行和预算编制挂钩制度，贯彻落实学校财务会计制度和国有资产管理制度，健全监管体系，加强预算管理、国有资产管理，强化内部审计。

缩小城乡教育差异是长期的历史过程，不能一蹴而就、一劳永逸；缩小城乡教育差异也是一个动态变化过程，在不同发展阶段中要突出重点，在不同领域中要找准突破点。只有在缩小城乡教育差异上不断努力，才能逐渐缩小城乡教育差异。

第五章

中国农村教育发展水平的国际比较

本章在世界银行和联合国教科文组织官方发布数据基础上，以专题研究为方向，突出国别特点，在参照前面中国农村教育发展指数框架的基础之上，根据数据来源的客观情况，尝试构建综合性国际发展指数体系，对中外农村教育综合发展水平进行综合比较分析。同时，在 2012 年中国农村教育发展报告中"国际比较"研究基础之上，进一步以指数方法确定中国农村教育的国际格局与位置。"经合组织"的研究表明，分析和研究国际农村教育及其发展水平，虽然受制于现实中通用数据的可获得性的难点，但任何构建国际农村教育发展指标或指数体系的努力，都无法避开"城镇化"这一关键因素。[①]

一、中国农村教育发展缺乏综合性国际对比指数

不同的国家对农村发展有着不同的看法。截至目前，人们仍然很难明确地衡量或量化评价国际范围内的农村教育发展。随着城市化和全球化的快速发展，当前世界各国农村经济结构及其社会制度更加多样化、复杂化

---

① 经合组织秘书处. 更好的政策系列：中国推进包容性增长的结构改革 ［R］. OECD, 2014：2.

和全球化，各国，特别是发展中国家与发达国家的"农村教育"概念的内涵和外延也正在发生着历史上最大的分野。已有的国际农村教育发展指数或指标体系大都包含于农村综合发展指标或指数框架内，国际教育角度的专门的指数比较框架不仅显得重要，而且对于全面掌握和分析国际农村教育发展状况更为必要和迫切。

（一）国际比较指数以农村发展为主要特征

各国一直试图建立各种类型的国际农村教育发展指标体系，以便从更大范围及多个角度、层次、方位准确地了解世界农村教育发展的基本状态、过程、结果及各个方面，进而了解农村教育发展与农业发展模式、农业和社会之间的关系，分析区域社会经济结构和农村经济状况、个体农户及其行为，以为当地农村领域政策和制度的调整提供更为准确的意见咨询和建议。

1. 衡量农村发展的农村化程度指数

英国的研究者开发了一组农村特征指数，用于识别不同农村之间的区别。该指数的主要组成指标包括人口、家庭用品、职业结构、通勤模式和与市中心的距离，数据来源于 1971 年和 1981 年人口普查[①]。

2. 以农村人口为核心的农村经济、社会监测指数

以农村人口为主要指标或指数，既要能观测农村教育发展的基本状态，也要能观测到农村和农业经济留守人员的收入水平变化，并预测他们的人类发展水平。根据初步分析，发展中国家的这类指标的全国平均值类似于人类发展指数。

3. 以改善农村贫困为指向的人类发展指数

人类发展指数（Human Development Index）（缩写为 HDI），由联合国开发计划署（UNDP）在《1990 年人文发展报告》中提出。人类发展指数是一个综合指数，而不是过多的独立指标，该指数只选择预期寿命、成人

---

① Cloke, P. J. An Index of Rurality for England and Wales［J］. Regional Studies, 1977（11）: 41-46.

识字率和实际人均 GDP 三个指标来评价一国的发展水平，用于区分不同经济发展水平国家在人类发展的三个基本方面的平均成就。其中的教育指数包含识字率、国民教育水平等指数，可以在世界范围内进行国与国间的比较。不过，虽然人类发展指数在发展中国家反映了伴随农村人口的改变而改变的趋势，但这一指数仍难以精确地描绘出农村贫困及农村教育的发展状况。

4. 追求"更好的生活指数"模型

经合组织正基于城镇化、城乡差距及贫富分化的基尼系数（见图 5-1）为基础，开发旨在建立更为公平的社会制度的新的包容性增长框架——"更好的生活指数"模型。该模型以将强劲的经济增长与生活水平的提高以及对民众生活质量至关重要的成果（如健康状况，就业、技能、洁净的环境、社区支持）结合起来。①

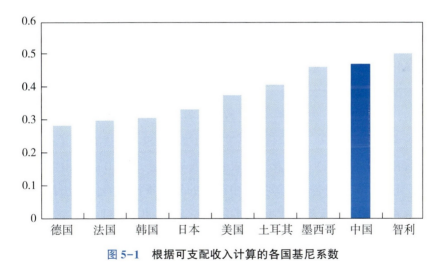

图 5-1　根据可支配收入计算的各国基尼系数

（数据来源：OECD 网站，www.oecd.org/publishing/）

5. 衡量农村发展转型的指数模型

中国科学院提出了衡量中国农村转型发展（RTD）的指数模型。该指

---

① 经合组织秘书处. 更好的政策系列：中国推进包容性增长的结构改革［R］. OECD, 2014：3.

数模型重在分析实现城乡协调发展的重要影响因素，其中特别点出了教育与培训的特殊作用。他们旨在建立有效的指数体系，用以准确分析中国农村转型发展的时空特征和内部机制。联合国教科文组织农村教育研究所据此提出了以教育与培训为主要构成要素的国际农村发展转型指数。这一指数也将城乡差距改善及城镇化作为核心要素，并将城乡教育协调发展作为影响农村发展转型中人口素质与技能发展的重要力量。

（二）中国农村教育发展水平国际比较指数设计以城镇化为主要参照系

1. 基于城镇化水平国际比较的典型国家数据主要来源

本章的国别比较以世界银行官方数据为来源，以城镇化发展水平为基准，对国家进行分类；首先以不同城镇化水平国家为单位，从各类别国家中选取 16 个典型国家，分别建立数据库。这些国家包括与中国农村发展国情类似的 9 个发展中人口大国（中国、巴西、孟加拉国、墨西哥、埃及、印度、印度尼西亚、尼日利亚、巴基斯坦）和高级阶段的美国及 OECD 其他城镇化阶段典型国家。

根据近年世界粮农组织（Food and Agriculture Organization of the United Nations，简称 FAO）发布的《农村教育：教育、培训与能力发展在减贫与粮食安全中的作用》[1]、联合国教科文组织（UNESCO）发布的《农村变革中的教育与培训报告》[2] 以及国际农业发展基金会（IFAD）2010 年发布的《2011 年国际贫困报告》[3] 等报告中公布的相关指标来看，无法找到专门的"农村教育"指标及其数据，但一般都会有一些"核心的"涉农指标，主要包括城镇化率、农业人口比例、教育投入、毛入学率（更能反映全貌

---

[1] David Acker, Lavinia Gasperini. Education for Rural People: education, training and capacity development in poverta poverty education reduction and food security [R]. Food and Agriculture Organization of the United Nations（FAO），2009.

[2] United Nations Educational, Scientific and Cultural Organization International Research and Training Centre for Rural Education（INRULED），Education and Training for Rural Tran-sformation [R]. Beijing，2012.

[3] International Fund for Agricultural Development（IFAD），Rural Poverty Report 2011: New realities，new challenges，new opportunities for tomorrow's generation [R]. Rome：November 2010.

的初等教育毛入学率、中等教育毛入学率及女性在其中的比例）、5 岁以下儿童死亡率、成人识字率、各学段学业完成率（小学、中等教育、中等职业教育及女性在其中的完成情况）、预期受教育年限（主要取女性完成年限）等。因此，本章的"国际农村教育发展指数"的指标体系及其主要数据来源是 2012 年至 2014 年世界银行世界发展指标（WDI①）、联合国教科文组织统计所（UNESCO-IIEP）、国际农业发展基金会（IFAD）报告所选择的世界发展指数（WDI）及联合国开发计划署发布的《2014 年人类发展报告》的人类发展综合指数（HDI）等。

2. 6 个一级指标与 12 项二级指标体系

考虑国际数据的可得性及其与农村教育关系的紧密性，最终选择和确定了反映国际农村教育发展水平的一级指标共有 6 个，即城镇化状况（综合水平）、教育机会、教育投入、师资水平、教育质量、农村社会发展水平。一级指标下设有 12 项二级指标，每个二级指标下包括农村人口与社会、学前、小学、中学及成人识字率等 1 到 5 个具体项目，共有具体项目18 个（见表 5-1）。

农村综合水平。本研究选择城镇化率与贫困差距两个核心指标反映各国综合城镇化及贫困状况，具体包含农村人口数、低于收入贫困线人口（按照国际贫困线每天 1.25 美元）数、在退化土地上生活人口数、贫困差距、农业增加值等 5 个具体项目。

机会水平。本研究选择入学率和女童比例两个指标反映不同城镇化率下各国农村教育机会状况，具体包含学前入学率、小学入学率、小学女童比例 3 个项目。

投入水平。本研究选择生均教育经费占人均 GDP 比例和基础教育阶段获得援助数额占总援助额度比例两个指标，反映不同城镇化率下农村教育投入状况。其中，生均教育经费占人均 GDP 比例分为小学与中学两个具体项目。

---

① 世界银行最重要的发展指标汇编，数据来自得到正式认可的国际来源。它提供现有的最新最准确的全球发展数据，包括国家、地区和全球数据的估计值。

师资水平。本研究选择学前和小学阶段生师比值两项指标反映不同城镇化率下各国教师保障水平。

教育质量。本研究选择识字率、受教育人口数量、受教育年限 3 项指标反映不同城镇化率下各国教育发展综合水平。其中，具体项目有识字率（15-24 岁）、识字率（25 岁以上）以及受过中等教育人数占 25 岁及以上人口比、平均受教育年限 4 项。

农村进步水平。本研究依据 HDI 指数一项指标综合反映不同城镇化率下各国农村发展包括教育进步状况。

表 5-1　国际农村教育综合发展水平对比指标①

一级指标	二级指标	三级项目	取值范围	数据来源
农村总体状况	X1 农村人口比率	农村人口数（负）、在退化土地上生活人口数（负）	0～1	WB FAO
	X2 贫困差距	低于收入贫困线人口（按照国际贫困线每天 1.25 美元标准）数（负）、贫困差距（负）	0～70 0～50	FAO IFAD
教育机会水平	X3 入学率	学前、小学	0～1	WB
	X4 失学女童	小学、中学（负）	1000～5,000,000	WB
教育投入水平	X5 生均经费	小学、中学（占人均 GDP 的百分比）	0～1	WB UNESCO
	X6 教育援助	基础教育占各学段总额比例	0～1	UNESCO
师资水平	X7 学前师生比	学前	0～30	WB
	X8 小学师生比	小学	0～30	WB

---

① 数据主要来源：WB \ UNESCO \ FAO \ UNDP 数据库。

续表

一级指标	二级指标	三级项目	取值范围	数据来源
教育质量	X9 成人中等受教育水平	受过中等教育人口占25 岁及以上人口比	0～1	UNESCO WB
	X10 成人识字率	15-24 岁、25 岁以上	0～1	UNESCO
	X11 农业增加值	农业就业人员、农业工人人均贡献率	0～1	WB
农村进步状况	X12 国家进步值	人类发展指数	0～1	UNDP

需要补充说明的是，由于比较的重要指标的确立是探索性的，仍需要进一步的讨论和完善。同时，因为受国际数据可获得性的"明确"限制，量化指标对比的结果内涵及其解释力非常有限。本指数框架只为进一步的、更好的国际农村教育比较指数的建立做好基础理论和数据库准备。

（三）中外农村教育综合发展水平指数的数据处理与计算方法

与国内发展指数计算方法类似，根据不同国家的城镇化率建构国际农村教育综合发展指标体系，首先需要计算每一具体项目的指数得分，然后分别计算二级指标指数得分，最后计算总的农村教育指数得分，具体方法步骤如下。

1. 案例国家城镇化阶段分类方法

采用世界银行为主的数据，按照城镇化发展水平，将各个国家分为90%以上、75%～90%、60%～75%、50%～60%、50%以下（完全城镇化、高级城镇化、中级城镇化、初级城镇化、乡村型社会）5 个阶段（见表 5-2），以确定中国（农村）教育在相对城镇化水平（农村人口占比相当程度）的发展程度，比较中国与不同程度城镇化水平国家的农村教育综合发展状况，找到中国在世界城镇化分布中的具体位置及农村教育的世界发展程度。

本章共选取和确定了处于不同城镇化阶段的典型国家（每个阶段选取

1～5 个国家，选取处于不同城镇化阶段的典型国家，每个阶段选取若干个国家）共 17 个（9 个发展中人口大国与美国、德国、日本、新西兰、英国、韩国、法国等 OECD 国家）。

表 5-2　案例国家城镇化阶段及其分类①

城镇化阶段分类	案例国家	城镇化率	国家分类
完全城镇化阶段	日本	92%	OECD 国家
高级城镇化阶段	巴西	85%	9 个发展中人口大国
	墨西哥	79%	
	美国	83%	OECD 国家
	新西兰	86%	
	英国	80%	
	韩国	84%	
	法国	87%	
中级城镇化阶段	德国	74%	
初级城镇化阶段	中国	53%	9 个发展中人口大国
	印度尼西亚	52%	
	尼日利亚	51%	
乡村型社会阶段	印度	32%	
	巴基斯坦	37%	
	埃及	44%	
	孟加拉国	29%	

2. 原始数据标准化及计算方法

数据标准化采用了两种方式：最大-最小值法和 decimal scaling 法。最大-最小值法同国内部分类似，根据国际教育发展实际，分别将 12 项二级指标的最大值和最小值进行界定，然后对原始数据做线性变换。两种计算方法均使结果落到［0，1］区间，计算公式分别如下：

———————

① 数据来源：世界银行网站数据库 2013 年数据。

（1）最大-最小指标指数计算：$X_i = \dfrac{X_i - X_{\min}}{X_{\max} - X_{\min}}$

由于国际数据的难获得性和不确定性，最大-最小值法变换后经常出现不理想的结果，因此部分指标使用了 decimal scaling 法进行标准化。计算公式为：

（2）decimal scaling 指标指数计算：$x' = x / (10 \times j)$

（其中，j 是满足条件的最小整数）

（3）根据标准化后结果计算国际农村教育发展二级指标指数得分。

将上述 12 项二级指标指数得分按照国际农村教育的一级指标分别求平均，分别得到 6 个一级指标的指数得分。用下列公式进行指数计算。

一级指标指数 $Y_i = \dfrac{X_1 + X_2 + \cdots + X_i}{i}$

（4）计算农村教育总指数得分。

将 6 项一级指标指数得分求平均，可以得到农村教育综合发展水平的总指数得分。农村教育总指数得分按照下列公式计算。

国际农村教育总指数 $W = \dfrac{Y_1 + Y_2 + \cdots + Y_i}{i}$

以上各级指数得分越高，说明该指标所体现的农村教育发展程度越高。

（5）依据建立的"国际农村教育综合发展水平对比指标"框架，确定比较的关键指标或要素，在原始数据对比基础之上，以上述指数运算结果为依据，将中国与处于 4 个不同层次的典型国家的不同阶段教育发展情况进行综合比较，把握和分析城镇化背景下中国与 9 个发展中人口大国及 OECD 国家之间的发展状况。

需要特别说明的是，由于 OECD 或部分发达国家对"农村""农村教育"的界定，不同于中国及其他发展中人口大国，同时发达国家部分指标数据缺失（如这些国家"农村教育援助"项缺失，因其大多是农村教育援助的施予方；另外这些国家因对识字率、贫困率界定不同于发展中国家，这些指标同样缺失）或指标定义不同，因此计算结果仅说明各国在城镇化背景下农村教育的相对位置。

二、中国农村教育发展水平总体处于 发展中人口大国前列

以城镇化为主要依据构建国际农村教育发展指数框架并非什么创新，联合国教科文组织曾经建立了类似的比较分析框架和基础数据库。[①] 虽然这种方式受客观因素（无统一标准的农村数据及可获得性较差）制约，存在一定的局限性，如大多数数据并非国际农村教育发展专门性统计数据，但城镇化为建立比较模型提供了可能和扎实的"参照系"。

（一）中国城镇化发展水平处于发展中人口大国前列

1. 中国农村人口占总人口比在发展中大国中处于后列

在前述各类国际指标体系中，农村人口数量是衡量城镇化水平与农村发展状况的一项重要标志。2013 年，中国农村人口为 47%，相比于 2012 年的 48% 而言，减少幅度较大。与前些年相比，预示着中国已稳定保持在城镇化初级阶段。与 2012 年相比，2013 年，中国、韩国、巴西、巴基斯坦、尼日利亚的农村人口数量出现小幅变化。如果忽略统计口径差异，显示这些国家在一年中农村地区人口数量出现减少，且呈现人口从农村地区向城镇的小规模流动趋势。除韩国外，其他国家无一例外都与中国一样属于发展中人口大国，而且这些国家均处于快速城镇化发展阶段。2013 年，中国农村人口占总人口比在 9 个发展中人口大国中位列倒数第三，仅多于同一城镇化阶段的印度尼西亚和尼日利亚，低于巴西、墨西哥等同为发展中人口大国但属于中高级城镇化阶段国家。OECD 国家农村人口比例远低于中国及其他发展中人口大国（见图 5-2）。

---

① United Nations Educational, Scientific and Cultural Organization. International Research and Training Centre for Rural Education（INRULED）. Education and Training for Rural Transformation［R］. Beijing，2012.

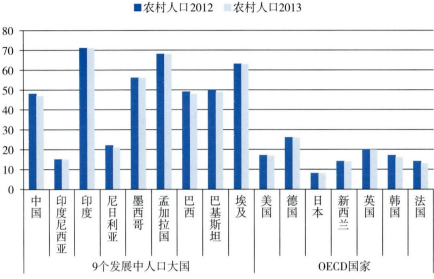

■农村人口2012　**□**农村人口2013

图5-2　**2012年与2013年中国与部分国家农村人口数量**

2. 中国城镇化水平处于人口超过1500万国家居中位置

2013年之前的五年间，中国城市人口增加超过1个亿，目前已超过7.3亿。而此前中国的城镇化率已高出国家"十二五"规划预计的2015年数据两个百分点以上，但相比以往，这一城镇化率更对应其人均收入水平（见图5-3）①。与人口超过1500万的国家相比，中国城镇化水平处于中等位置，同样这一位置也反映了中国人均收入状况，而中国农村经济发展状况位置可能更低。但按照目前的增长幅度，预计到2020年前后，中国城镇人口占总人口比例将超过60%，逐步步入初级城镇化阶段高级阶段与中级城镇化阶段社会。

---

① 经合组织秘书处. 更好的政策系列：中国推进包容性增长的结构改革［R］. OECD，2014：3.

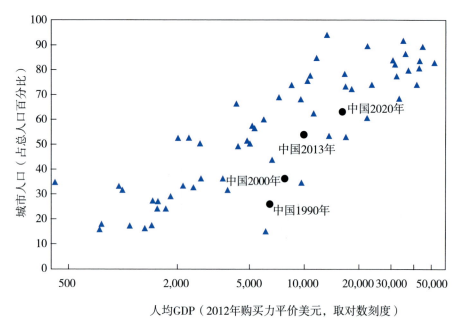

图 5-3　人口超过 1500 万的各国城镇化水平①

（二）与不同城镇化阶段国家相比，中国农村教育总体发展水平居中

依据本章构建的 16 国农村教育综合发展水平指数框架，基于国际"涉农"或农村教育相关数据可得性，对中国及不同城镇化率部分国家的一级指标和总体指数进行了估算。从计算结果看，中国农村教育总指数得分在 16 个国家处于中间位置，排名第 8 位。如果按照 9 个发展中人口大国来划分，中国农村教育总指数得分排在首位。发达国家中，日本、韩国因城镇化率发展迅速，农村教育综合得分高于多数发达国家。同时，尽管发达国家缺失贫困率、识字率等多个指标项，但中国及其他发展中人口大国农村教育发展总指数得分仍与部分 OECD 国家保持较大差距（见图 5-4）。

---

①　数据来源：World Bank，World Development Indicators；National Bureau of Statistics；National Population and Family Planning Commission（2011）；OECD Economic Outlook 93 long - term database；and OECD calculations（除中国外，其他国家均为 2012 年数据）

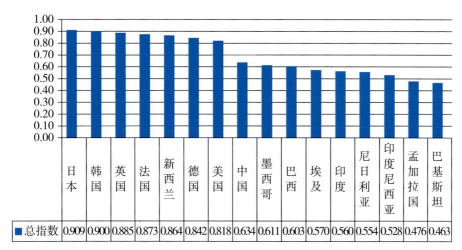

图 5-4　不同城镇化阶段 16 国农村教育发展总指数排名

（三）与不同城镇化阶段国家相比，中国农村教育发展均衡性较好

参照国内各省农村教育发展均衡性衡量方法，综合各分项指标——农村总体发展状况、教育机会水平、教育投入水平、师资水平、教育质量 6 项得分情况，将各国各指数排名分别与其综合发展指数排名进行比较后得到的平均级差值可以反映中外农村教育发展的均衡性情况。鉴于部分发达国家个别项目数据缺失，我们只依据 9 个发展中人口大国情况，将总体级差值分为三类：均衡性较好的国家为中国、埃及（级差值在 1.0 以下）；一般均衡性发展中国家为尼日利亚、墨西哥、巴西（级差值在 1.01～5.00）；不均衡型的发展中人口大国有 3 个，分别为印度、孟加拉国、印度尼西亚（级差值在 5.00 以上），这些国家各项指标差异都较大。总体上看，大多数国家农村教育发展较为均衡；在总指数得分方面，中国、墨西哥、巴西与中高级城镇化阶段国家差距较为接近；中国在同一城镇化阶段国家中表现及均衡性均较为突出（见表 5-3）。

表 5-3 不同城镇化背景下农村教育指数 16 国得分比较①

城镇化阶段	国别	发展指数	发展排名	机会指数	机会排名	投入指数	投入排名	师资指数	师资排名	质量指数	质量排名	进步指数	进步排名	总体水平	排名	级差
乡村型社会	孟加拉国	0.446	11	0.393	15	0.601	2	0.500	5	0.358	15	0.558	14	0.476	15	4.67
	印度	0.547	2	0.503	12	0.527	7	0.672	2	0.523	6	0.586	13	0.560	12	5.00
	巴基斯坦	0.407	15	0.608	8	0.298	14	0.470	1	0.455	11	0.537	15	0.463	16	2.67
	埃及	0.300	16	0.407	14	0.416	11	0.922	10	0.695	3	0.682	12	0.570	11	0.00
初级城镇化	中国	0.448	10	0.540	10	0.314	13	0.596	8	0.796	2	0.719	10	0.634	8	0.83
	印度尼西亚	0.495	3	0.485	13	0.478	10	0.357	16	0.672	4	0.684	11	0.528	14	4.50
	尼日利亚	0.849	1	0.590	9	0.157	16	0.931	7	0.295	16	0.504	16	0.554	13	2.17

① 带*项目有缺失数据。

续表

城镇化阶段	国别	发展指数	发展排名	机会指数	机会排名	投入指数	投入排名	师资指数	师资排名	质量指数	质量排名	进步指数	进步排名	总体水平	排名	级差
中级城镇化	德国	0.415	14*	0.660	3	0.507	8*	0.319	4	0.490	7*	0.911	2	0.842	6	0.33
高级城镇化	巴西	0.490	4	0.323	16	0.560	6	0.552	11	0.655	5	0.744	9	0.603	10	1.50
	墨西哥	0.443	13	0.505	11	0.406	12*	0.750	3	0.806	1	0.756	8	0.611	9	2.33
	美国	0.455	7*	0.609	7	0.283	15*	0.431	14	0.486	9*	0.914	1	0.818	7	2.00
	新西兰	0.452	9*	0.637	4	0.574	4*	0.357	6	0.478	10*	0.910	3	0.864	5	1.00
	英国	0.443	12*	0.617	6	0.587	3*	0.509	13	0.486	8	0.892	4	0.885	3	4.67
	韩国	0.453	8*	0.664	1	0.633	1*	0.533	9	0.434	13*	0.891	5	0.900	2	4.17
	法国	0.458	6*	0.661	2	0.504	9*	0.546	12	0.429	14*	0.884	7	0.873	4	5.00
完全城镇化	日本	0.479	5*	0.623	5	0.572	5*	0.651	15	0.437	12*	0.890	6	0.909	1	9.00

（四）中国农村经济社会总体状况处于各城镇化阶段国家中等略偏后位置

在 16 国农村总体发展指数比较方面，中国该项指数得分为 0.30，位居第十位。排除掉缺失相关统计数据中高级城镇化国家，中国在 9 个发展中人口大国中位于第 3 位，仅次于尼日利亚（初级城镇化阶段）、印度（乡村型社会）、巴西与墨西哥（高级城镇化阶段）等国家，与发达的高级城镇化国家新西兰、韩国等位次较为靠近。与其他发展中人口大国相比，中国生活在退化土地上的人口数量、贫困线、贫困差距等指标方面的指数得分，与初级城镇化阶段指数得分位置类似，处于中等略偏后位置。农村生活、经济与社会状况仍有较大提升空间（见图 5-5）。

图 5-5　发展中人口大国农村发展状况指数比较①

（五）中国农村教育机会状况在发展中人口大国中较好，接近高级或完全城镇化阶段国家水平

在 16 国农村教育机会指数比较方面，中国该项指数总得分为 0.31，

---

① 因统计口径不同，发达国家缺失贫困差距与贫困线数据。

位居第十三位。中国因缺失失学女童数据而排在 9 个发展中人口大国中位于第 3 位，排在尼日利亚（初级城镇化阶段）与墨西哥（高级城镇化阶段）之后。但从单项指标来看，中国在农村学前教育、初等教育入学率方面指数排名较高，与高级城镇化阶段国家水平持平，小学入学率优于完全城镇化国家日本（见图 5-6）。

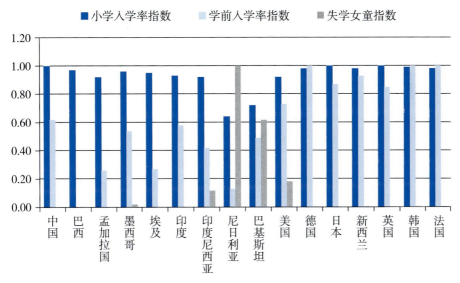

图 5-6　16 国农村教育机会状况指数比较

（六）中国农村教育投入水平位于各城镇化阶段国家中等偏后位置

在 16 国农村教育投入指数比较方面，中国该项指数总得分为 0.54，位居第十位。中国教育投入水平靠后，主要是由于援助项得分较低。因近年中国经济总量不断提升，在基础教育阶段获得的国际援助呈急剧下降趋势，该项援助金额远低于其他发展中人口大国。但在中央政府的大力支持下，这些年中国农村教育总投入获得很大提升，但在小学、中学生均经费方面处于发展中人口大国的中间位置，仍有较大提升空间（见图 5-7）。

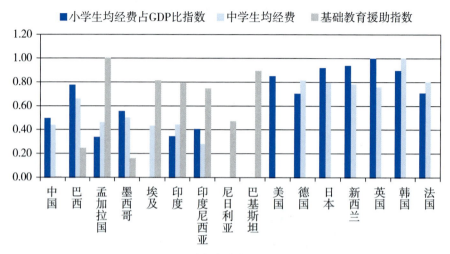

图 5-7　16 国农村教育投入状况指数比较

（七）中国农村师资状况处于各城镇化阶段国家中等位置

在 16 国农村教师指数比较方面，中国该项指数总得分为 0.60，位居第八，表现"中规中矩"。尽管指标体系仅设立了学前与小学阶段的生师比指数，但计算结果较为真实地反映了中国整体师资水平。中国虽然在得分方面落后于墨西哥和印度，但却较为接近高级城镇化阶段国家韩国和新西兰。从指数得分情况看，中国农村学前阶段生师比虽然不是特别高，但相比小学而言指数排名较为靠后，相比城镇化中高级城镇阶段国家而言更有较大改善空间（见图 5-8）。

（八）中国农村教育质量水平较高，接近或优于高级或完全城镇化阶段国家

在 16 国农村教育质量水平比较方面，中国该项指数总得分为 0.80，位居第二位，表现"抢眼"。在不考虑部分发达国家识字率数据缺失的情况下，中国农村教育发展成就超越了自身城镇化所处阶段，优于案例国别中主要的发达国家（中高级及完全城镇化阶段）。具体到各指标项指数来看，中国在接受中等教育青年人口比例、青年及成人识字率等方面位居发

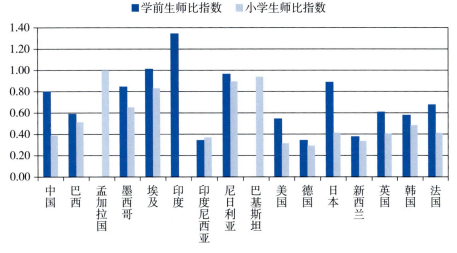

图 5-8　**16 国农村师资状况指数比较**

展中国家前列；在平均受教育年限及农业增加值两个方面，虽然高于同一城镇化阶段国家水平，但仍与中高级阶段国家有差距（见图 5-9）。

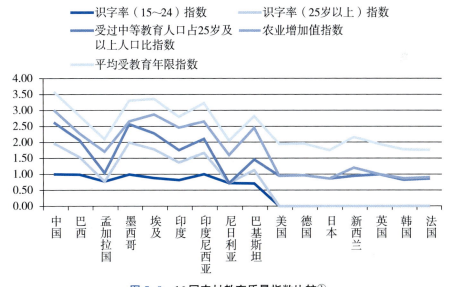

图 5-9　**16 国农村教育质量指数比较**①

---

①　因统计口径不同，部分发达国家缺失识字率项。

　　本章框架并未采纳毕业率这一指标项，是因为毕业率总是掩盖了巨大的地区差异，而中国在为大量的农村人口提供高质量的教育和培训上面临着严峻的挑战。实际上，中国在高中及其以前毕业率方面发展成就仍然较为突出。根据现在的情况，中国大约73%的年轻人能在有生之年完成高中教育（这当然包括农村地区，但有时也会掩盖农村地区数据）。相比而言，经合组织国家目前的平均值为83%（见图5-10）。

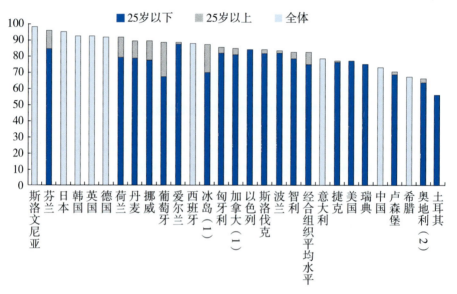

图5-10　中国与 OECD 国家高中毕业率比较①

（九）中国人类发展指数排名反映农村进步幅度

　　联合国开发计划署（UNDP）2014 年 9 月在日本东京发布了"2014 年度人类发展指数（HDI）"报告。报告显示，挪威排名第一，美国排名第五。在亚洲国家或地区中，新加坡排名最高，为第九名。中国香港特区排名第十五位，中国大陆排第九十一位。由于 HDI 采纳的衡量一个国家经济

---

　　①　图中所指均为一次毕业率。引用 2010 年数据。不包括横跨《国际教育标准分类法》（ISCED）中 3 级和 4 级的项目。按 2011 年高中一次毕业率降序排列。数据来源：经合组织，Education at a Glance（《教育概览》），2013 年。

社会发展水平的指标中包含了教育水平、平均寿命、婴儿死亡率等"涉农"教育变量，一定程度上已经成为代表发展中国家农村教育发展的"指向标"。因此，本章指数框架将其作为衡量国际农村教育进步幅度的核心指标。从该指标看，中国在16国中位列第十位，得分为0.72，比2010年的0.66提高很多，这应主要得益于中国农村地区的综合发展水平（包括婴儿死亡率与教育等）的提高。中国位于发展中人口大国前列，接近高级城镇化阶段国家巴西和墨西哥，但与发达国家之间有较大差距，准确反映了实际的发展状态和综合情况，也表明中国农村教育仍有很大提升空间（见图5-11）。

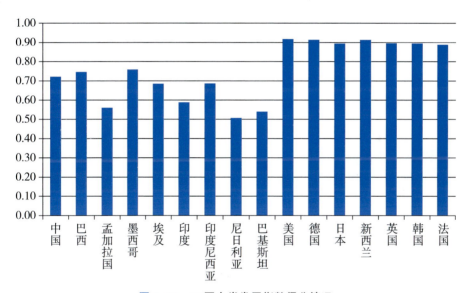

图5-11 16国人类发展指数得分情况

依照本章构建的国际农村教育发展指数比较框架，通过以上6个一级指标如农村总体状况、教育机会、教育投入、师资水平、教育质量、农村进步等指数，以及一级指标下的12项二级指标和反映农村人口与社会、学前、小学、中学及成人识字率等18项具体项目来看，中国农村教育发展水平在国际上可获得数据国家中处于中等水平。无论是按照城镇化发展水平，或是按照发展中人口大国的分类来看，中国都处于这些国家的前列。

但与城镇化中高阶段国家或发达国家相比，除农村教育质量、师资水平等指标略接近或超过之外，大多数指标较为准确地反映了中国城镇化和农村经济社会及人口发展的客观实际。

三、中国农村教育国际发展水平与城镇化
发展水平的相关性分析

农村教育发展一定要同经济增长相适应，农村教育的推进要以城镇化水平（人口、经济）等因素为动力，可持续的城镇化发展水平要以教育的发展为基础和前提。城镇化对农村教育具有强大的促进作用，尤其在办学条件、办学保障及办学质量等方面，体现了经济发展对农村教育的影响力。同时，农村教育的发展水平也在一定程度上体现了与城镇化相一致的发展水平。本研究分别从教育条件、教育保障、教育结果几个维度设计指标（并以此计算出相关指数），来分析农村教育发展水平与城镇化发展水平之间的相关性。比较的对象以不同的城镇化率为标准，分为乡村型、初级阶段、中级阶段、高级阶段及完全城市型，比较分析结果如下。

（一）中国农村教育国际发展水平与城镇化总体呈现正相关

回归分析发现，城镇化率对国际农村教育总体发展指数的回归系数为0.622（$P<0.010$），说明城镇化率对教育总体发展水平的影响作用明显。近年来，中国正步入城镇化加速发展时期，城镇化率达到53%，已稳步进入初级城镇化国家行列。在城镇化的推进和发展过程中，党和国家高度重视农村教育改革与发展，始终把加强农村教育放在整个教育的优先位置，农村教育综合发展水平得到了前所未有的提升，综合发展水平为0.630，其在世界各国排列中的位置，也反映了当前中国城镇化水平（见图5-12）。

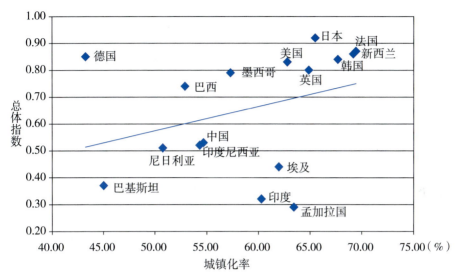

图 5-12 城镇化水平部分国家农村教育总体发展水平与城镇化的关系

（二）城镇化与教育公平相关性国际比较显示中国改善效果突出

城镇化水平的提升有助于促进农村教育机会公平。回归分析发现，城镇化率对国际农村教育公平发展指数的回归系数为 0.320（$P<0.010$），说明城镇化率对教育公平发展的改善与促进的影响作用明显。在中国，城镇化水平与农村教育公平也显示出较一致的规律来，城镇化率为 0.530，农村教育机会公平指数为 0.540，这从一种角度说明，随着中国经济社会的发展及城镇化步伐的加快，之前在农村教育领域存在的教育机会公平突出问题，即城乡之间、沿海发达地区和内陆贫困地区之间、农村女童教育权益保障以及城市户口人群与非城市户口人群之间的差距等问题，正在逐步得以缓解和解决（见图 5-13）。

（三）城镇化水平与教育投入相关性国际比较显示，中国政府解决农村教育问题的主观意愿与努力程度较高

回归分析发现，城镇化率对农村教育投入发展指数的回归系数为

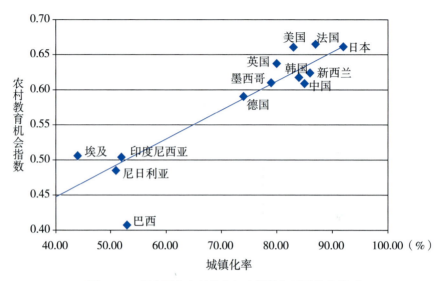

图 5-13　部分国家农村教育机会指数与城镇化的关系

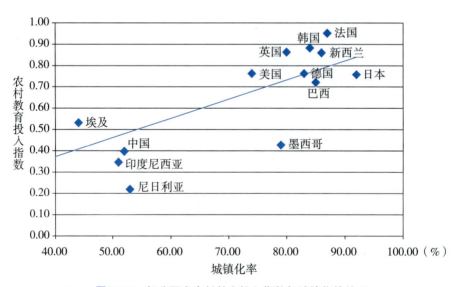

图 5-14　部分国家农村教育投入指数与城镇化的关系

0.210，说明城镇化率与农村教育投入水平相关性不是很显著。出现如此结果，一方面是不同的国情使然。具体而言，因为在高级城镇化及完全城镇化国家，农村教育问题不突出，甚至是不存在的。另一方面是不同国家对于解决农村教育问题的主观意愿与努力程度使然。具体而言，在部分国家，如印度、印度尼西亚、孟加拉国、中国，农村教育是突出存在的问题，是政府长期致力于努力解决和正在努力解决的问题。近年来，随着我国城镇化的加速发展，农村教育问题凸显，党和国家越来越高度重视农村教育改革与发展，不断加大对农村教育的投入力度，农村教育投入水平得到了前所未有的提升，农村教育投入水平在世界各国排列中的位置，反映了当前我国政府对于农村教育投入的意愿与决心（见图5-15）。

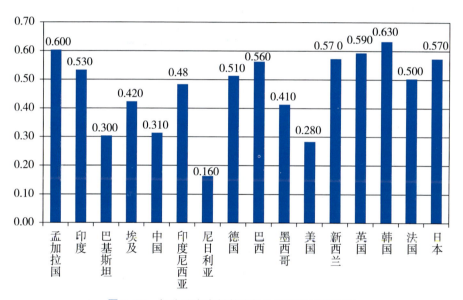

图 5-15　部分国家农村教育投入的指数对比情况

（四）农村师资水平与投入相关性国际对比表明中国近年师资水平提高显著

不同城镇化程度国家农村师资水平的情况存在差异。其中，尼日利亚（0.930）、埃及（0.920）的师资水平最高，高于其他城镇化水平的所有国家，同时高于按其自身城镇化水平相同位置的国家；处于中级城镇化发展水平的德国师资水平最低（0.320）。

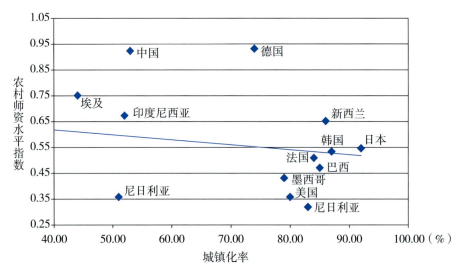

图 5-16 部分国家农村师资水平指数与城镇化的关系

中国虽然尚处于初级城镇化水平，但农村教师师资水平指数达到（0.600），甚至高于一些高级城镇化水平的国家，如法国（0.550）、美国（0.430）、英国（0.510）等，说明农村教师投入作为政府教育财政公共投入的一部分，与政府的主观努力程度紧密相关。政府对农村教师的投入及师资保障，是一个是否"愿为"的问题，而非是否"能为"的问题，要改善农村教师的总体状况，需要政府付出更大的决心和行动力。

四、国际农村教育发展指数案例：美国

美国农村人口分布极不均衡，各州农村人口比例差距悬殊，将近 33 个州的农村人口比例超出了全国平均水平（21%），其中佛蒙特州为 61.8%、缅因州为 59.8%、西弗吉尼亚州为 53.9%、密西西比州为 51.2%。2000—2001 年、2002—2003 年、2011—2012 年，美国农村学生人数分别为全国总人口的 31%、27%、20.2%，说明农村教育问题依旧占据重要位置。从最新统计数据看，美国农村学生人数出现下降的趋势，但仍有 870 多万农村儿童接受教育，农村教育在整个国家教育体系中仍然是至关重要的。另外，从教育制度看，美国特殊的教育自治传统和教育经费的地方负责制度，致使美国无法形成一个全国范围统一的农村教育发展的规划和模式。

2012 年 1 月，美国农村学校与社区基金会（The Rural School and Community Trust 以下简称基金会）[①] 对全美 50 个州的农村教育情况进行了研究评估，发布第六份《为何农村事关重大（2011—2012 年）》（Why Rural Matters 2011—2012 年）报告，通过 5 个分类指标和 25 个独立指标，全面描述并分析了美国 50 个州的农村教育状况。这是自 2000 年以来，美国农村学校与社区信托组织对外正式公布的第六份评估报告。本部分依据该报告，对美国农村教育的评价指标及发展指数进行分析，以期对我国农村教育发展的评价指标、指数研究有所借鉴。

（一）美国农村教育评价指标总体框架

《为何农村事关重大（2011—2012 年）》报告共包括 5 个分类指标和 25 个独立指标。5 个分类指标分别是：背景性指标（importance）、贫困性指标（student and family diversity）、制度性指标（policy outcomes）、结果性指标（educational outcomes）、发展性指标（longitudinal gauge）（见图 5-17）。

美国农村教育指标总体框架的构建，是不断修正与改进的结果，主要体现在以下两个方面。

第一，由"静态指标"向"动态指标"的逐步完善。教育指标系衡量教育系统状况或表现的一种统计量数，提供相关的教育信息，据以理解或判断教育发展的程度。教育指标可以显示或反映教育系统的发展特征、健康情形与变迁趋势。教育指标不是静态的统计数字的堆砌和展示。基于这样的教育指标的理念，美国在农村教育指标的分类指标方面，逐步加入了一组发展性指标，即"纵向指标"，并以此替代

---

① Rural School and Community Trust. ［EB/OL］http：www. files. ruraledu. org/index. htm.

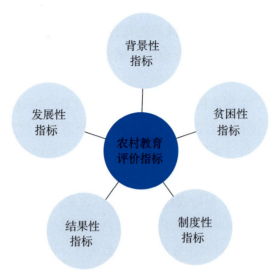

图 5-17 美国农村教育评价指标总体框架

了先前指标体系中的贫困度指标。所谓纵向指标，就是强调相关核心指标的历史发展和变化趋势，如农村学生人数的历史发展趋势以及少数族裔的学生在农村学生人数中所占比例的年度变化趋势等。从促进改善和发展的角度看，对某个指标进行比较时，将以往的成就水平作为参照系，是一种更为合理的做法。加入纵向指标有利于观察各项教育指标的动态变化过程和发展趋势，可以从时间维度上评测教育的发展情况和教育政策的执行效果。

第二，在独立指标方面，加大了结果性指标的比重，增强评估结果对现实问题的驱动力。例如，在新报告的"教育政策成效指标"分类指标下，用"州财政收入发放到地方学校的一美元的衡量指数"替代了之前的"州政府与地方政府的生均教育经费支出差距"，减少了用性质单一的描述性指标来衡量政策的成效，而是用一美元的衡量指数将客观困难指标与主观政策成效指标结合起来，综合评价了教育经费政策的绩效。再如，在"学生学业成绩指标"中，将之前采用的《不让一个孩子掉队法》测评的数学、阅读的综合成绩，改为国家教育进步评价项目（NAEP）测评的四年级和八年级的数学、阅读分科成绩。其目的是为了避免各州为迎合《不让一个孩子掉队法》的要求，降低各自的学业标准，从而造成全国标准不统一的问题。采用 NAEP 的分科成绩就是为了达到全国统一的学业标准，实现具有一定"学术内涵"的评估标准，以此衡量农村基础教育的质量。

（二）美国农村教育评价指标分指标情况

1. 背景性指标：农村教育重要性

农村教育的重要性指标主要涉及 5 个独立单项指标：农村公立学校的比例、小规模农村学校比例、农村学生比例、农村学生总数以及农村学校基础教育资金的比例。在全国范围内，依照各类指标进行排名，比例越大，排名越靠前，说明农村在该州的重要性就愈显重要。充分认识农村教育的重要性是正确对待农村教育问题的前提，该指标领域的目的在于通过一系列的数据表明农村教育的重要性，以引起社会各界特别是教育政策制定者的高度重视。

2. 贫困性指标：学生及家庭的多元性

贫困性指标包括 5 个独立指标：少数族裔的农村学生所占比例、英语欠佳的农村学生人口比例、接受特殊教育的农村学生的比例、农村贫困学生比例、农村流动家庭比例。美国农村教育评测机构，如农村学校与社区信托基金会相信，贫困是影响学生获得高水平学业成就的最为重要也是最为持久的威胁，因此他们将贫困性指标单独作为一个指标领域。贫困的消极影响表现在很多方面，比如一个家庭的经济状况直接影响着儿童进入校的可能性，而一个地区的经济状况则直接影响着教育投入的保障能力。显然，贫困对教育产出的影响不能简单化，因此他们设计了多个贫困性指标。

需要说明的是，"贫困性指标"是用于测量和辨别贫困人口的重要指标，也是与农村教育关系最为密切的一个衡量性指标。一直以来，收入贫困一直是美国在评测农村教育使用最为广泛的标准与指标。其衡量贫困的标准由美国人口统计局发布，贫困人口数以及按照居住类型、种族和其他社会、经济及人口学特征为划分依据。社会保障部通常将美国贫困线分为两条，一条是基于"经济水平"（economy level），另一条是"低成本水平"（low cost level），以此将贫困家庭分为农场和非农场两大类。当前，美国的贫困线是人口统计局依据行政管理和预算局的 14 号统计政策法令，按照不同种类的货币收入以及不同家庭规模和 18 岁以下儿童的情况。货币收入包括：收入、失业补偿金、工人补偿金、社会保险、附加保障收入、公共援助、退伍军人补贴、遗属抚恤金、退休金或者退休收入、利息、红利、租金、版税、由房地产获得的收入、信托收入、教育援助、赡养费、儿童抚养费、来自家庭之外的援助以及其他货币收入。但是，不包括食物、住房等非现金补贴，是税前收入，不包括资本损益。

3. 制度性指标：农村教育政策成效性指标

该指标包括五个方面：农村生均教育经费、农村地区的教育交通费用占当前教育费用的比例、农村教育组织规模的中位数（学校入学人数×学区入学人数/100）、州财政收入发放到地方学校的一美元的衡量指数、正规教师的工资支出（人均）。

4. 结果性指标：农村学生学业成效性指标

该指标包括：农村学生高中毕业率、农村四年级学生 NAEP 成绩（数学）、农村四年级学生 NAEP 成绩（阅读）、农村八年级学生 NAEP 成绩（数学）、农村八年级学生 NAEP 成绩（数学）。该分数是国家教育进展测评所包含的农村学校四年级和八年级学生数学、阅读四个成绩的平均数，它能够反映各个州之间存在的差异。随着州、学区、学校对提高学生学习成就压力的不断加大，这个指标所反映出的农村学生学习成绩现状对政策制定者是十分必要的。

5. 发展性指标：农村教育的纵向变化指标

该指标主要涉及：农村学生入学人数的绝对值的增长情况、农村学生数所占比例的变换情况、农村地区西班牙族裔学生所占比例情况变化、农村贫困学生数量比例的变化情况、农村学生总数变化情况。这在分类指标方面，是新加入的一组发展性指标，即"纵向指标"，并以此替代了先前指标体系中的"贫困度指标"。所谓纵向指标，就是强调相关核心指标的历史发展和变化趋势，如农村学生人数的历史发展趋势以及少数族裔的学生在农村学生人数中所占比例的年度变化趋势等。从促进改善和发展的角度看，对某个指标进行比较时，将以往的成就水平作为参照系，是一种更为合理的做法。加入纵向指标有利于观察各项教育指标的动态变化过程和发展趋势，可以从时间维度上评测教育的发展情况和教育政策的执行效果。

（三）美国指标体系中指数的计算与使用

1. 独立指标的计算与排名

在农村教育指标的计算排名上，美国农村教育评价报告首先对分类指标所涉及的 25 个独立指标，以州为单位进行 1～50 的全国排名，目的是为了显示在某一个点上各州的农村基础教育状况。以"小型学校占农村公立学校比例"指标的评测排名为例，该指标是为了反映农村学校中学生数低于美国所有学校平均学生数（537 人）的学校比例，比例越大，排名越高，说明该州在小型学校问题方面面临的问题就越严重，越需要得到足够的重视。

2. 分类指标的综合排名

为了将不同类别的各个独立指标的评估结果综合起来，呈现某一类评估指标下各州农村教育的状况，《为何农村事关重大（2011—2012 年）》在完成同一类指标的 5 个独立指标的计算排名后，接着算出此 5 个独立指标排名的平均数，然后把得到的平均数以升序方式排列，得出各州在同一类指标评估的全国排名，目的是为了将其呈现在某一条线上，如在"农村学生及其家庭的多元性"这一条线上各州农村教育状况。排名越高，说明该州农村教育问题在相应方面面临的困难越大，政策成效就越小，或改善的状况越差。

以"教育重要性"指标为例，该指标的综合排名就是在计算了其涵盖的 5 个独立指标排名的平均数后得出的结果。一般而言，综合排名越高的州，表明在农村学生人数，小规模学校等方面面临的问题就越大，政策改善的情况就越差，需要投入更大的努力。

3. 教育优先度排名

优先度排名，即将 5 个分类指标的排名数继续平均，平均数按照从小到大的顺序排列，得出各州农村基础教育的全国综合排名，目的是为了全方位地呈现在整个面上各州农村教育的状况。排名越高，说明该州的农村教育状况越糟糕，就越需要优先考虑。例如，教育重要性和教育政策绩效，纵向比较 3 类指标的优先排名，依照程度高低分为"引起注意""严重""非常严重""极其严重" 4 个程度。《为何农村事关重大（2011—2012 年）》在把 5 个分类指标的综合排名分数平均后，得出最终的教育优先度排名情况。

（四）美国农村教育指标体系的特点

1. 问题导向

美国农村学校与社区信托基金会之"农村教育指标体系"的目的，在于反映农村教育的现状、揭示存在问题，以利于制定有效的农村教育政策。因此"问题"就成了该指标体系的主题，4 个领域的指标都以问题展开，反映了农村教育实际，体现了鲜明的目的性。

2. 重点突出

涉及美国农村教育发展现状的因素多种多样，然而农村教育的重要性、贫困性、挑战性和结果性无疑是其中的重点，因此农村学校与社区信托基金会将它们分别作为一个单独的领域来进行指标构建，凸显了农村学校与社区信托基金会对农村教育发展的理性认识。

3. 分析全面

农村教育的发展不仅受到农村教育自身因素的影响，而且还受到农村经济、社会、文化等外部因素的影响，这些外部因素是农村教育健康发展的基础条件。农村学校与社区信托基金会的农村教育指标体系不仅包括农村教育自身的指标，还包括涉及农村经济、社会、文化方面的指标，表明了该指标体系设计的全面性。

4. 可视性强

用各种方式反馈评估研究结果，增强评估的甄别改进功能。除了极少数州因缺少某方面数据外，几乎所有州的各方面情况都以文字、数据、表格、图文的形式进行了公布与对比。最后两份报告用了四分之三的篇幅分列了这些图表和数据。它们分为 3 大类。

（1）根据 4 类指标的重要性或紧急性程度不同，用 4 种颜色绘制的 4 幅全国 50 个州的排名地图。它们有助于观察各类指标排名的地区分布特点。

（2）单个州所有数据的集中统计。内容包括：各自在 22 个指标中的数据、比例和排名；4 类指标的排名；教育优先度排名；22 个指标中的某个突出方面与全国平均水平的扇形或柱形对比图；描述各州突出特点的简短语言介绍。这种单个州集中的统计有利于集中了解各州各方面数据排名的信息。

（3）50 个州 22 个指标的全国排名对比柱状图，便于观察某个州在具体某个指标中在全国的相对位置。

（五）美国农村教育指标体系对我国农村教育研究的借鉴意义

1. 构建"条件—过程—结果"三位一体的农村教育指标体系

我国至今还未出台专门针对农村教育检测与评估的指标体系，政府对于农村教育基本情况的了解及评估缺乏一致性的标准体系。在构建农村教育相关评价指标方面，可借鉴美国的经验，加大"结果性指标"的比重，将学生学业成绩指标和教育政策绩效指标作为重要的评估指标，构建"条件性指标—过程性指标—结果性指标"三位一体的指标体系。一方面，改善以往评估报告只停留于简单的"数据汇总"和"信息公开"的层面，促使农村教育指标评估成为信息反馈、政策调整的策略和手段；另一方面，加大结果性指标的比重，促使教育质量提升问题成为农村教育评估的主要内容，并使政府对各省、市农村基础教育质量的问责成为可能。

2. 构建"点""线""面"三维空间的农村教育评估模式

我国农村教育的评估主体主要是政府建立的评估领导小组或机构，农村教育的评估检测难以做到科学化和专业化。在具体的农村教育评估模式上，应该结合我国中东西部及各省市基于地理、经济发展、社会发展的差距，在评估策略上形成一种"点""线""面"的模式。可尝试构建独立性指标排名、分类指标排名、教育优先度排名三维立体的评估方法。具体的实践策略是：首先展示各省独立指标的排名情况，说明各省在不同点上的教育情况；其次呈现 5 个分类指标的综合排名，反映各省在某一条线上的农村基础教育状况；最后将 5 个分类指标的排名数继续平均，在整个面上呈现各省农村教育的状况。这样做一方面能够全方位体现评估对象的趋势和特征，避免传统评估以偏概全的不足；另一方面，能够更加深刻地反映农村教育的复杂性和多样性，依照各省情况的不同展现问题的具体层面和差异性，帮助相关利益主体清晰地认识到问题的症结所在，对于工作的改进及政策的调整都有所裨益。

3. 形成绩效问责和质量改善的农村教育评估理念

我国农村教育检测研究由于多种原因的限制，在工具开发、方法、检测评估结果上，还没有做到公开信息。借鉴美国《为何农村事关重大》报告的评估，重要的不是提供信息，而是对信息的解释和后续的改进、运用，发挥信息对农村教育测评和改进的双重功能，不仅以数据信息为基础展现了美国各州农村教育的状况，而且还对相关的各种数据以及不同州所面临的不同情况与挑战进行了详尽深入的分析，并在此基础上提出相应的改进方向与建议，体现了一种绩效问责的先进评估理念。作为政府对农村教育质量问责的一个重要环节，美国农村学校与社区信托组织所体现出的先进的绩效理念，值得我们认真学习和借鉴。

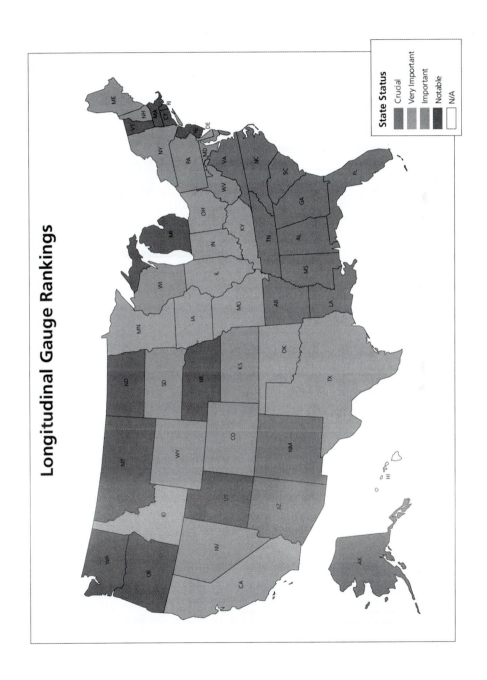

ALABAMA is the nation's 2nd highest priority rural state according to our ranking system. Four of every ten students attend rural schools, one of the largest proportional rural student enrollments in the nation. More than half of the state's nearly 300,000 rural students live in poverty. Rural schools and districts are among the nation's largest, and instructional spending and instructional salaries are lower than in most other states. Rural high school graduation rates and NAEP performance are near the bottom nationally. Rural schools and students are growing in number, with the rural Hispanic student population increasing at nearly three times the rural US rate.

PRIORITY RANKING

2

GAUGE 1: Importance	Notable	Important	Very Important	Crucial 9		
				AL	**Rank***	
Percent rural schools				49.1%	18	
Percent small rural districts				1.5%	41	
Percent rural students				39.7%	7	
Number of rural students				295,906	11	
Percentage of state education funds to rural districts				43.0%	8	

Percent rural students

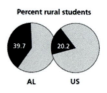

39.7 20.2

AL   US

Percent rural school poverty

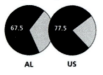

52.3   41.0

AL   US

GAUGE 2: Student and Family Diversity	Fair	Serious	Critical 11	Urgent	
			AL	**Rank***	
Percent rural minority students			28.1%	17	
Percent rural ELL students			2.0%	25	
Percent rural IEP students			N/A	N/A	
Percent rural student poverty			52.3%	9	
Percent rural mobility			12.0%	17	

GAUGE 3: Educational Policy Context	Notable	Important	Very Important 8	Crucial	
			AL	**Rank***	
Rural instructional expenditures per pupil			$5,207	17	
Ratio of instructional to transportation expenditures			$9.60	15	
Median organizational scale (x 100)			27,186	9	
State revenue to schools per local dollar			$2.51	41	
Rural salary expenditures per instructional FTE			$48,791	10	

Rural instructional expenditures per pupil

$5,207 $5,657

AL   US

Rural high school graduation rate

67.5   77.5

AL   US

GAUGE 4: Educational Outcomes	Fair	Serious	Critical	Urgent 7	
				AL	**Rank***
Rural high school graduation rate				67.5%	7
Rural Grade 4 NAEP scores (math)				228	3
Rural Grade 4 NAEP scores (reading)				218	13
Rural Grade 8 NAEP scores (math)				269	3
Rural Grade 8 NAEP scores (reading)				255	6

GAUGE 5: Longitudinal Gauge	Notable	Important	Very Important	Crucial 5	
				AL	**Rank***
Increase in absolute rural student enrollment (1999-00 to 2008-09)				111,106	26
Percent change in number of rural students (1999-00 to 2008-09)				57.7%	6
Percent change in number of rural Hispanic students (1999-00 to 2008-09)				397.0%	5
Change in percent rural student poverty (1999-00 to 2008-09)				5.1%	18
Change in rural students as a percent of all students (1999-00 to 2008-09)				14.5%	4

* A rank of 1 is most crucial or most urgent

Change in rural students as a percent of all students

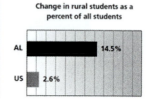

AL   14.5%

US   2.6%

第六章

农村寄宿制学校专题研究

农村寄宿制学校是指为了适应农村人口居住分散的特点，解决学生上学远的困难，为保证农村适龄儿童、少年完成义务教育而实行的一种特殊办学模式。自 21 世纪初，国家出台一系列政策，支持农村地区尤其是中西部的农村建设寄宿制学校，普及和提高农村地区义务教育办学质量。本章通过分析全国和各省农村地区 2001 年至 2012 年间寄宿制学校的发展历程、规模、成就和问题，特别是通过典型案例的调研，研究寄宿制学校发展存在的问题，并提出进一步优化寄宿制学校发展的政策建议。

一、寄宿制学校已成农村学校主体

农村寄宿制学校是统筹城乡教育发展中重要的组成部分。目前，我国农村寄宿制学校已将近 10 万所，在校就读的寄宿生有 2700 多万，寄宿制学校已经成为我国农村义务教育的重要办学形式。从 2001 年起至今，寄宿制学校发展历程大致分为两个阶段，担负着帮助中西部地区实现"两基"攻坚任务和解决留守儿童教育问题以及促进义务教育均衡发展的不同功能。寄宿制学校呈现出新的时代特征，例如低龄寄宿趋势明显，寄宿生中留守儿童比例不断上升，寄宿制学校食宿条件不断改善，学校师资得到有力整合，教师整体水平明显提高。但是，我国农村寄宿制学校仍存在总体投入不足、办学条件较差等问题，难以满足布局调整后农村孩子对寄宿教育日益增长的需求。

（一）寄宿制学校发展历程

从 2001 年起至今，寄宿制学校发展历程大致可以分为两个阶段，即 2001 至 2007 年的第一个阶段，2008 年至今的第二个阶段。在上述两个阶段中，寄宿制学校担负着不同的功能，第一阶段是帮助农村地区特别是中西部地区实现"两基"攻坚任务，第二阶段则是解决留守儿童教育问题和促进义务教育均衡发展。

1. 2001 年至 2007 年：实现中西部农村地区的"两基"攻坚任务

2000 年，我国绝大部分地区基本实现了普及义务教育。但是，中西部地区很多县市仍然未完成"普九"验收。为了完成"两基"攻坚的任务，国家对中西部地区给予大力扶持，以农村寄宿制学校建设为手段，改善落后地区义务教育学校办学条件，完成"普九"达标，这是这一时期的主要举措。在此政策的推动下，全国各地农村在省级财政支持下，多方共同筹资兴建寄宿制学校，有力地促进了义务教育的普及。自此，在国家和各省政府的推动下，寄宿制办学形式在全国农村迎来了大发展的局面。

2001 年颁布的《关于基础教育改革与发展的决定》提出："因地制宜调整农村义务教育布局，……在有需要又有条件的地方，可举办寄宿制学校。"这是首次以文件的形式将寄宿制学校的范围扩大到全国"有需要的"范围内。为确保"两基"目标的实现，2003 年 9 月国务院颁布了《关于进一步加强农村教育工作的决定》（以下简称《决定》），要求以加强中小学校舍和初中寄宿制学校建设、扩大初中学校招生规模、提高教师队伍素质、推进现代远程教育、扶助家庭经济困难学生为重点，周密部署，狠抓落实。显然，这一政策将农村寄宿制学校作为西部地区普及九年义务教育的重要办学形式，赋予了农村寄宿制学校"巩固提高普及义务教育的成果和质量"的重任。[①]

为了贯彻落实《决定》精神，2004 年，教育部、国家发展改革委、财政部关于印发的《西部地区农村寄宿制学校建设工程实施方案》通知中提出："从 2004 年起，用 4 年左右的时间，中央投入 100 亿元，用于新建、改建和扩建一批以农村初中为主的寄宿制学校，解决西部未普九地区新增 130 万初中学生和 20 万小学生最基本的学习生活条件；同时，在合理布局、科学规划的前提下，加快对现有较差的寄宿制学校和不具备寄宿条件而又有必要实施寄宿制的学校进行改扩建步伐，使确需寄宿的学生能进入具备基本条件的寄宿制学校学习。"教育部 2004 年公布的《2003—2007 年教育振兴行动计划》也强调"以实施'农村寄宿制学校建设工程'为突破口，加强西部农村初中、小学建设"。

"西部地区农村寄宿制学校建设工程"以西部农村初中为主体，最终惠及全国农村教育落后地区。该工程以西部为主，兼顾中部地区，在中央财政的支持下，没有被纳入"工程"计划的省份也积极加强建设寄宿制学校。2006 年 6 月 9 日，教育部发布《关于切实解决农村边远山区交通不便地区中小学生上学远问题有关事项的通知》，要求各地教育行政部门要实事求是，因地制宜，坚持寄宿制学校建设和低年级学生就近入学并举的原则，采取有效措施，切实予以解决。寄宿制学校建设以初中为主，小学高年级学生确需住校的应征得当地学生家长同意后也可以寄宿。要加快对现有条件较差的寄宿制学校的改造工作，使确需寄宿的学生能进入具备基本条件的寄宿制学校学习。

从 2001 年国务院发文倡导在有条件的农村地区举办寄宿制学校开始，到 2007 年"西部农村寄宿制学校建设工程"顺利完成，农村寄宿制学校大规模向广大农村地区推开。农村寄宿制学校办学条件大为改观，很多地方出现了"学校是农村最好的建筑"的新面貌。

2. 2008—2015 年，解决留守儿童教育问题和促进义务教育均衡发展

农村地区日益突出的"留守儿童"教育问题再一次赋予了寄宿制学校

---

① 董世华. 工具价值路径：农村寄宿制中小学发展历史的反思［J］. 教育学术月刊，2014（5）.

新的历史使命，不少地方早已将寄宿制学校建设与解决留守儿童问题联系在一起了。2007 年，重庆市结合农村中小学寄宿制工程建设，切实加强了对留守儿童的关心和管理。重庆将农村留守儿童教育作为统筹城乡教育发展、促进教育公平的重要举措，2010 年新建农村寄宿制学校 480 所，加上此前已建成的 1600 所，重庆提前两年高质量解决了 101 万农村留守儿童的读书问题。2007 年，四川省将农村留守儿童的教育管理纳入学校素质教育内容，建立留守学生寄宿制优先制度，同时加大投入，积极推动留守儿童寄宿制学校建设。2008 年全省启动"乡村教育发展留守儿童寄宿制学校建设工程"，投入 3 亿元建设 400 所留守儿童寄宿制学校，修建教学用房和学生宿舍，使项目学校基本消除大班额、大通铺以及校外租房现象，并使学生的学习生活条件得到明显改善。[①]

2010 年《国家中长期教育改革和发展规划纲要》（2010—2020 年）（以下简称《教育规划纲要》）中明确提出："加快农村寄宿制学校建设，优先满足留守儿童住宿需要"；并且强调，要"改扩建劳务输出大省和特殊困难地区农村学校寄宿设施，改善农村学生特别是留守儿童寄宿条件，基本满足需要"。这表明，今后相当长时期，农村寄宿制学校将作为解决留守儿童问题的重要手段。

《教育规划纲要》还提出"支持边境县和民族自治地方贫困县义务教育学校标准化建设，加强民族地区寄宿制学校建设"。今后一段时期，农村寄宿制学校的发展将会在推进义务教育均衡发展的背景下展开。寄宿制学校是山区、牧区农村义务教育的主体，其发展趋势是要成为全国农村义务教育的主体，这就决定了其在推进义务教育均衡发展中的战略地位。农村学校布局调整的直接目的之一就是促进城乡义务教育均衡发展，这一举措的明显效果就是整合了教育资源，而布局调整只是完成了学校的布点工作，如何让整合后的教育资源充分发挥作用，如何巩固布局调整的成果，寄宿制学校的建设与完善是解决这些问题的最佳选择。集中力量办好寄宿制学校，率先实现农村寄宿制学校教育质量的提高，缩小城乡学校差距，

---

① 董世华. 工具价值路径：农村寄宿制中小学发展历史的反思［J］. 教育学术月刊，2014（5）.

是促进义务教育均衡发展的现实举措。反过来，以寄宿制学校建设作为推进义务教育均衡发展的手段，也会进一步推动寄宿制学校本身的发展。

（二）寄宿制学校学生规模

随着农村中小学布局调整和城镇化的不断推进，农村学生上学远的问题更加突出，全国农村寄宿生群体规模呈现出逐步扩大的趋势。目前，我国在农村在校就读的寄宿生有 2700 多万。

1. 全国 26.6% 的农村中小学生寄宿，初中生寄宿率高达 53.89%

自 2004 年实施农村寄宿制学校建设工程以来，从 2004 年到 2007 年，中央财政投入 100 亿元，在中西部 23 个省份新建、改扩建学校 6960 所（其中小学 2579 所、初中 4381 所），项目学校覆盖 953 个县，其中西部地区 404 个县。经过 4 年大规模的突击建设，农村寄宿制学校已经在全国各地农村铺开。

截至 2007 年，全国农村中小学共有寄宿生 2805.17 万人，占当地中小学在校生的 20.76%。而到 2012 年，全国农村中小学寄宿学生总数是 2710.7 万人（见图 6-1）。由于全国农村人口出生率的减少，寄宿生总数虽然有所减少，但寄宿生占当地中小学在校生总数的比率则上升到 26.2%（见图 6-2）。

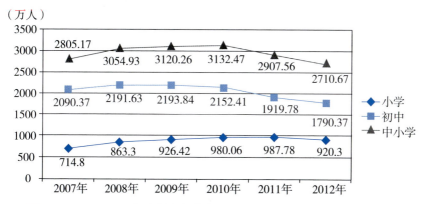

图 6-1　2007—2012 年农村中小学寄宿生（单位：万人）变化统计图①

---

① 图中数据引自《2007—2012 年全国教育事业发展简明统计分析》。

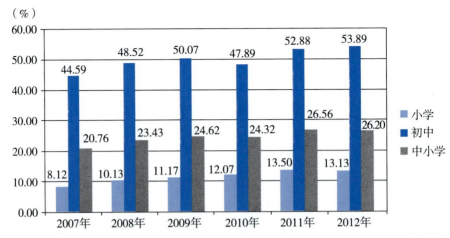

图 6-2　2007—2012 年农村中小学生占当地在校生的比率（寄宿率）变化统计图①

2. 全国农村中小学寄宿率逐年递增，初中寄宿率相比 2007 年提升了9.3%

2012 年，初中、小学分阶段统计，初中生总体寄宿率达到 53.89%，小学寄宿率是 13.13%。相比 2007 年的寄宿率，都有大幅度的提高，特别是农村初中生总体寄宿率提高显著，提升了 9.3%（见表 6-1）。

表 6-1　2007—2012 年农村寄宿生规模和寄宿率比较②

	2012 年寄宿生规模（万人）	占当地在校生比例（%）	与 2007 年相比规模差（万人）	与 2007 年相比寄宿率差（%）
小学	920.30	13.13	+205.50	+5.01
初中	1790.37	53.89	−299.99	+9.30
合计	2710.67	26.20	−94.50	+5.44

（三）寄宿制学校主要特征

农村寄宿制办学形式正逐渐从西部向中东部推进，农村中小学实行寄

① 图中数据根据《2007—2012 年全国教育事业发展简明统计分析》相关数据计算得出。
② 表中数据根据《2007—2012 年全国教育事业发展简明统计分析》相关数据整理而成，表中"+"号表示增加，"−"号表示减少。

宿制已是大势所趋。寄宿制学校在总体规模、地域分布、生源特点、师资状况和硬件设施等方面也表现出新的时代特征，例如低龄寄宿趋势明显，寄宿生中留守儿童比例不断上升，寄宿制学校食宿条件不断改善，学校师资得到有力整合，教师整体水平明显提高。

1. 低龄寄宿趋势明显，留守儿童比例剧增

在布局调整形成的强大推力和寄宿制学校优质教育资源形成拉力的共同作用下，农村寄宿制学校得以迅猛发展。特别是随着大量教学点和小规模学校的撤并，小学生寄宿需求日益增强。此外，随着大量农村剩余劳动力外出务工，农村留守儿童的教育问题逐步显现，弥补家庭监护和教育的缺失赋予了寄宿制学校新的社会功能。据统计数据显示，2012 年全国农村义务教育阶段留守儿童总数为 2271.1 万人（其中小学 1517.9 万人、初中753.2 万人），占农村中小学在校生总数的 21.95%。2012 年农村留守儿童比 2011 年增加了 70.7 万人，增长 3.2%（见图 6-3）。目前，小学生寄宿十分普遍，寄宿生从小学高年级（五、六年级）不断向下延伸，少数学校还出现了一年级甚至是幼儿园就开始寄宿的现象。据课题组在云南、广西、贵州、安徽等省调研时发现，部分农村小学三年级以上寄宿学生比例竟达到 90% 左右。全国农村小学生寄宿率呈逐年上升态势已是不争的事

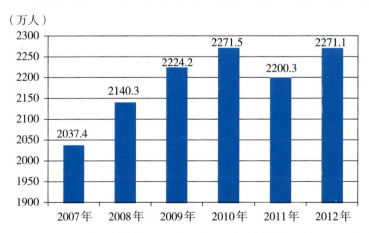

（万人）

图 6-3　2007—2012 年义务教育阶段农村留守儿童在校生数（单位：万人）①

---

① 图中数据引自《2007—2012 年全国教育事业发展简明统计分析》。

实。寄宿生中留守儿童比例不断上升是近年来农村寄宿制学校呈现的新态势。据在湖北、江西、甘肃、广西、贵州和广东6省调研的3482名寄宿生中，留守儿童数量达到2482人，占寄宿生样本的71.1%。[①]

2. 食宿条件不断改善，寄宿生活质量有所提高

宿舍和食堂是寄宿制学校区别于非寄宿制学校的重要标志之一，也是学校分担家庭抚育和监护职责的重要场所，宿舍条件的优劣直接关系到学生寄宿生活的质量。随着义务教育新机制的实施，农村寄宿制学校学生宿舍和食堂的条件得到了有力的改善。长期以来，由于生均宿舍面积不足，农村寄宿制学校普遍存在宿舍拥挤的现象。随着义务教育经费保障新机制的实施，国家对农村学校投入逐年增加，寄宿制学校学生宿舍条件也不断改善，食堂有了明显的改观。在食堂硬件设施不断得到改善的同时，食堂的运营管理也逐渐被纳入议事日程，寄宿制学校开始将食堂管理与学生营养结构的合理安排结合起来。此外，国家自2006年对寄宿生生活补助资助学生1650.46万人，资助金额175.34亿元（见图6-4），比上年增加28.48亿元，增长19.39%，比2006年增长7.69倍。

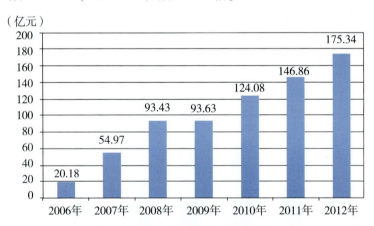

（亿元）

图6-4 **2006—2012年全国义务教育寄宿生补助金额（单位：亿元）**[②]

---

① 董世华. 六省区部分县（市）的调查数据显示寄宿制学校已成农村学校主体［N］. 中国教育报，2013-9-26（5）.

② 图中数据引自《2006—2012年全国教育事业发展简明统计分析》。

3. 师资得到有力整合，教师素质高于全国平均水平

如果用高学历、高职称和中青年教师比例来衡量整合之后的教师资源水平可以看出，农村寄宿制学校高学历教师比例高于全国农村教师平均水平。以高于教师法规定的基本学历作为高学历，即小学教师专科及以上学历、初中教师本科及以上学历来统计，据 2011 年湖北、江西、甘肃、贵州和广西 5 省区调查数据证明，农村寄宿制学校高学历教师高于全省及全国平均水平，表明寄宿制学校集中了大部分高学历教师。该调查统计结果也表明，寄宿制学校高职称教师高于全国当年的平均水平。另外，如果将处于 33～46 岁这一阶段的教师定义为中青年骨干教师，并以其在教师中所占比例来衡量教师资源，5 省区调查数据显示，这一阶段的教师约占总数的49.1%。而 2009 年全国农村 36～46 岁的初中教师占总数的 30.0%。这低出的近 20 个百分点，说明农村寄宿制学校教师的年龄结构普遍优于非寄宿制学校。[①]

（四）寄宿制学校发展困境

农村寄宿制学校是促进义务教育均衡发展的现实选择。从当前及今后一段时间来看，寄宿制学校仍然是我国农村，特别是中西部农村地区中小学的主要办学形式。但是，日前我国农村寄宿制学校仍存在总体投入不足、办学条件较差等问题，难以满足布局调整及父母进城务工后农村孩子对寄宿教育日益增长的需求。

1. 寄宿制学校硬件条件离办学标准仍有较大差距，小学寄宿条件明显比初中差

教育部、财政部从 2010 年开始实施农村义务教育薄弱学校改造计划。校舍改造类项目是该计划的主要内容，截至 2013 年年底，中央财政已投入校舍改造资金 399 亿元。农村义务教育薄弱学校改造计划校舍改造类项目取得了显著成效。一是农村学校学生生活条件明显改善。2012 年全国小学

---

① 董世华．六省区部分县（市）的调查数据显示寄宿制学校已成农村学校主体 [N]．中国教育报，2013-9-26（5）．

寄宿生生均宿舍面积为 3.1 平方米，比 2009 年增长 24%；初中寄宿生生均宿舍面积达到 4.2 平方米，比 2009 年增长 40%。厕所条件得到明显改善，大通铺等突出问题得到有效缓解，绝大多数地区保障了学生饮用水。二是学校食堂条件有较大改善，集中连片贫困地区 699 个县普遍建设了学校食堂，为国家营养改善计划的顺利实施创造了条件。①

尽管全国中小学寄宿生生均宿舍面积都有大幅度提高，但仍远低于农村建标中规定的小学 5 平方米和中学 5.5 平方米的标准。另据 2013 年全国人大常委会执法检查组关于检查《中华人民共和国义务教育法》实施情况的报告指出：近年来，中央和地方各级政府大幅度增加了义务教育投入，但基层仍反映经费不足、保障水平有待提高。一是在全国实现义务教育学校标准化，资金缺口很大；二是农村中小学生均公用经费标准偏低；三是一些寄宿制学校宿舍不足，食堂、厕所、饮用水等设施达不到标准。② 另据国务院教育督导委员会专项督导组在全国 13 个省（区、市）随机抽查 104 所中小学校（含教学点），其中绝大部分是国家级贫困县、民族自治县的农村偏远地区中小学校和寄宿制学校，发现一些学校甚至只能满足教室取暖，学生宿舍和功能教室没有取暖设备，学生在宿舍只能依靠热水袋取暖。③ 抽样调查还显示，在我国 295 所农村寄宿学校中，有 60.5% 人均居室使用面积小于 3 平方米，仅 34% 的学校能保证一人一床。有的省份浴室配备率仅为 5.6%，有的省份寄宿制学校虽有浴室，但基本不供应热水。有 5.5% 的学生半个月以上才能吃到一次肉，有 6.6% 的学生从来没有在食堂吃到肉。④ 国家实施的一系列重大工程项目建设中重校舍轻配套，寄宿制学校建设中重初中轻小学。这导致了中西部农村小学生的寄宿条件明显比初中差。

---

① 中央财政已投入 399 亿实施农村薄弱学校校舍改造 [N]．中国教育报，2014-02-11．

② 黄小希．校舍安全工程三年加固改造 3.5 亿平方米校舍．［EB/OL］．［2013-12-23］．ht-tp：//news.xinhuanet.com/2013-12/23c_ 118675530.htm．

③ 我国北方广大农村地区中小学校取暖处于低水平．［EB/OL］［2014-01-10］.http：//www.ha.xinhuanet.com/xhyw/2014-01/14/c_ 118951213.htm．

④ 调查：仅 34% 农村寄宿制学校能保证一人一床．2014-01-16．

2. 寄宿制学校师资队伍数量和质量存在较大问题，生活教师等后勤人员匮乏

农村教师数量严重不足，教师负担重，在寄宿制学校尤为突出。现有教师编制没有将生活教师等后勤人员纳入编制，许多寄宿制学校无法配备专职的保育员、医疗人员、厨师等后勤人员，只能交由课任教师来兼任，使得学生健康和学习质量无法得到有效保障。而包括大多数的教师不具备心理咨询等方面的知识和技能，导致了寄宿生的心理干预制度无法建立。

在学生的生活管理方面，生活教师的作用是巨大的。寄宿制学校需要配备专职的生活教师，以照顾、管理寄宿生的生活。据抽样调查显示，在我国 295 所农村寄宿学校中，有 37% 的寄宿学校没有配备生活教师，配备生活教师的有 54.5% 为初中及以下学历，生活教师中有 45.5% 没有接受过相关培训。[1] 配备生活教师的寄宿制学校占 63%，其中 75.6% 由本校其他岗位人员兼任，专职生活教师只占 24.4%。这些专职生活教师大多为周围村庄年纪较大的村民，并无专业经验，同时也缺乏进一步的在职培训机会。农村寄宿制学校的生活教师大多只负责管理学生的作息和宿舍卫生，维持纪律，确保学生人身和物品的安全等，对寄宿生的心理疏导和情感关怀，生活教师则较少关注。[2]

3. 寄宿制学校安全管理难度大，学校管理者和教师感觉压力大

随着农村学龄人口的不断减少和城镇化水平的不断提高，我国中西部农村地区学校布局分散、规模小、质量低的矛盾日益突出。很多地方教育行政部门提出了"一乡一中心，中学进县城"的教育发展规划，通过农村学校布局调整把小学集中到乡（镇）中心校（多为寄宿制小学）、把中学全部集中到城区建设"巨型寄宿制学校"的做法，扩大学校规模、提高教育资源利用率，以期降低学校的管理运行成本，提高办学效益。地方教育行政部门试图通过此举实现农村教育的"跨越式"发展。

---

[1] 何悦.报告显示：当前中国农村教育薄弱状况依旧突出.[EB/OL].[2014-01-15].http://www.cdedu.gov.cn/news/show.aspx？id=41452.

[2] 邬志辉，秦玉友，赵忠平.农村教育发展状况调查（下）[N].中国教育报，2014-01-14.

农村学校布局调整的本意在于通过扩大学校规模，将分散的优质教育资源整合起来，提高农村学校的教育质量。但是随着大规模寄宿制学校的建成，学校安全管理压力巨大，安全隐患增加，寄宿生的住宿安全、饮食安全、卫生健康、学习活动、课余生活管理都需要学校全面考虑。由于目前农村寄宿制学校办学尚不规范，教育部门缺乏必要的质量标准，没有对学生住宿标准做出具体规定，尤其是住宿安全管理制度、食堂安全管理制度、学生卫生健康标准、课余生活管理制度和突发事件的处理预案等方面的保障制度十分欠缺。另外，学校无力配备保安、生活教师和保健医生等必要的学生生活保障人员，也无更多资金添置澡堂、冲水厕所等必要的学生生活设施。在调查访谈中，学校管理者对学校的安全管理责任无一例外地都表示担忧，感觉压力很大。

4. 寄宿制学校留守儿童较多，学校整体育人功能亟待挖掘

亲子关系是造成儿童发展问题和心理病理问题的最有影响力的因素。正常的亲子关系对于儿童形成对社会的基本安全感和信任感是很有帮助的。这个时期的孩子特别需要和渴望与父母生活在一起。如果与父母没有建立良好的亲子关系，很多孩子会变得情感淡漠、自我封闭、缺乏自信心和安全感。寄宿制学校的学生与父母在一起的时间非常有限，很多家长都是几星期去看望孩子一次，外出务工的更是半年或一年才会见孩子一次，孩子缺乏与父母正常的情感交流和亲子互动。调查中，很多校长都说寄宿制学校就是一个大的留守儿童之家，父母外出打工了，家庭对孩子所有的教育管理责任都交给学校了。学校不堪重负，学生亲情缺失等心理健康问题更不容忽视。[1]

农村寄宿制学校的功能正好弥补了留守儿童教育的缺憾，在所有解决留守儿童问题的方案中，大力发展农村寄宿制学校无疑是最佳选择。农村寄宿制学校再一次作为解决留守儿童问题的工具取得了发展的机遇。目前，农村地区初中基本上已经实行寄宿制，其办学的硬件设施逐步得到改

---

[1] 白亮，张璇. 西部"巨型寄宿制学校"下的阴影——甘肃省 S 县农村寄宿制学校调查 [N]. 中国教育报，2013-9-26（5）.

善，接纳寄宿生的能力也大大增强，今后一段时间的主要任务是加强配套设施建设，提高服务质量，以达到提高农村教育质量的目的。与初中相比较，农村寄宿制小学的发展相对较为缓慢，办学条件也远不如初中，其接纳能力也难以满足有寄宿需要的学生，特别是农村留守儿童群体。留守儿童面临着学习和生活两大困难，为了保证农村剩余劳动力能顺利转移，支援经济建设，各级政府的寄宿制学校建设政策目标直接指向解决留守儿童问题。如果说前几次对寄宿制学校功能的利用主要是其解决上学远的问题，那么把寄宿制学校作为解决留守儿童问题则是以其"家庭监护和抚养职能的替代"为基础的。对农村寄宿制学校具备家庭替代功能的认识是对其功能的进一步发掘，但是，这一功能的利用没有更多关注寄宿制学校的整体育人功能，寄宿制学校作为一种解决社会问题的工具的身份始终没有改变。

二、东中西部各省寄宿生规模差异明显

西部地区虽然寄宿生规模最大、寄宿率高，但只是个别省份非常突出，占据比例较大。例如，在小学阶段，2012年云南、四川、广西3省寄宿生规模总和占到西部寄宿生规模总体的58.51%；寄宿率也是西藏、内蒙古、云南、青海4省区占据高比例，在36%以上。中学阶段，2012年广西、四川、云南3省寄宿生规模总和占西部寄宿生规模总体的56.78%；寄宿率也是广西、西藏、云南、重庆4省市占据高比例，在69%以上。而中部地区的河南、湖南、湖北、江西等省，包括东部的河北、山东等省，寄宿生规模和寄宿率也非常高，甚至超过西部的多数省份。从各类国家支持性政策分析看，西部地区获得的支持明显，东中部特别是中部地区寄宿制学校获得的支持少，而小学阶段的寄宿制学校也比中学寄宿制学校发展困难更大。

（一）东中西部分学段各省寄宿生的规模和寄宿率差异明显

从 2007 年到 2012 年，分学段看，全国小学阶段寄宿生规模呈增长的趋势，中学阶段寄宿生规模总体呈下降趋势。从东中西部看，西部寄宿生规模总数最多、平均寄宿率高，但东中部的个别省份寄宿生规模和寄宿率也很高，值得关注。

1. 中西部地区小学阶段寄宿生规模增加明显，东中西部地区中学阶段寄宿生规模明显下降；西部地区小学阶段寄宿率增幅明显，东西部地区中学阶段寄宿率增幅明显

通过对 2007—2012 年的东中西部地区分学段寄宿生规模和寄宿率的比较发现，在小学阶段，中部和西部地区寄宿生的规模大幅增加，西部增加了 21.36%，中部增加了 26.87%；寄宿率中部增加了 5.05%，西部增加了 7.72%。在中学阶段，东中西部地区的寄宿生规模都减少了，中部地区寄宿生的规模大幅下降，减幅达到 23.62%；寄宿率东部增加了 10%，西部增加了 9.29%（见表 6-2）。

表6-2　2007—2012 年东中西部地区分学段农村寄宿生规模和寄宿率比较[①]

	小　　学				中　　学			
	2012 年寄宿生规模（万人）	占当地在校生比例（%）	与 2007 年相比规模差（万人）	与 2007 年相比寄宿率差（%）	2012 年寄宿生规模（万人）	占当地在校生比例（%）	与 2007 年相比规模差（万人）	与 2007 年相比寄宿率差（%）
东部	126.95	5.96	+16.87	+2.01	420.95	42.28	−78.48	+10.00
中部	347.74	13.51	+93.43	+5.05	633.09	54.81	−149.56	+6.5
西部	445.60	19.34	+95.19	+7.72	736.34	62.85	−71.95	+9.29

---

① 表中数据根据《2007—2012 年全国教育事业发展简明统计分析》相关数据整理而成，表中"+"号表示增加，"−"号表示减少。

2. 小学阶段，云南、河南、湖南3省农村寄宿生规模总和占到全国寄宿生总和的三分之一以上，综合寄宿生规模和寄宿率看，东部的河北省、中部的河南省和湖南省、西部的云南省较为突出

2012 年，小学阶段全省农村寄宿生规模超过 20 万人的有 14 个省份，其中东部省份有 2 个，分别是河北省、山东省；中部省份有 5 个，分别是河南省、湖南省、湖北省、江西省、山西省；西部省份有 7 个，分别是云南省、四川省、广西壮族自治区、内蒙古自治区、陕西省、贵州省、新疆维吾尔自治区（见图 6-5）。寄宿生最多的省份是云南省，占西部农村寄宿生总数的 30.59%，占全国农村寄宿生总体的 14.81%；其次是河南省，占中部农村寄宿生总数的 25.71%，占全国农村寄宿生总体的 9.72%；再次是湖南省，占中部农村寄宿生总数的 24.15%，占全国农村寄宿生总体的 9.13%。寄宿生规模位于全国前 3 的是云南省、河南省、湖南省，3 省寄宿生总和占到全国的 33.66%。分地区看，河北和山东两省占东部省份寄宿生总体的 52.37%，河南和湖南两省就占到中部省份寄宿生总体的 49.86%，云南、四川和广西 3 省区占西部省份寄宿生总体的 58.51%（见图 6-7）。

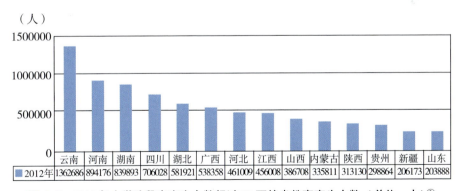

图 6-5　2012 年小学阶段寄宿生人数超过 20 万的省份寄宿生人数（单位：人）[①]

---

① 图中数据引自《2012 年全国教育事业发展简明统计分析》。

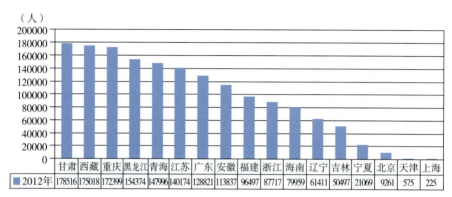

图 6-6　2012 年小学阶段寄宿生规模在 20 万以下的省份寄宿生人数（单位：人）①

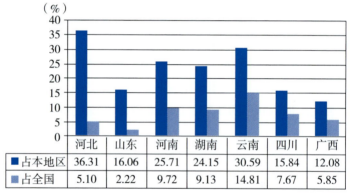

图 6-7　2012 年部分省份小学阶段寄宿生占本地区和全国寄宿生的比例（单位:%）②

　　纵向比较，通过 2012 年和 2007 年寄宿生的增长规模来看（见图 6-8），东部地区，河北省增幅达到 110.69%，山东省增幅达到 61.56%；中部地区，河南省增幅达到 92.39%，湖南省增幅达到 73.98%；西部地区，广西壮族自治区增幅达到 55.16%，云南省增幅达到 34.61%。由此看出，虽然西部省份总体寄宿生规模很大，但从 2007 年至今，东部和中部地区寄宿生规模较大的省份则增速很快，特别是中部省份增幅明显，说明近年来，中部地区寄宿制学校人数规模发展速度快。

---

　　①　图中数据引自《2012 年全国教育事业发展简明统计分析》。
　　②　图中数据根据《2012 年全国教育事业发展简明统计分析》相关数据整理而成。

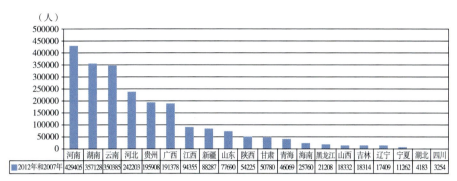

图6-8　寄宿生呈上升趋势的省份 2012 年与 2007 年相比

小学阶段农村寄宿生规模差（单位：人）①

2012 年小学阶段农村学生寄宿率超过全国平均值（13.13%）的省份有 12 个（见图 6-9），其中东部省份 1 个，分别是海南省；中部省份 3 个，分别是湖北省、湖南省、山西省，3 省寄宿生的规模占全国寄宿生规模的 19.65%；西部省份 8 个，分别是西藏自治区、内蒙古自治区、云南省、青海省、陕西省、四川省、广西壮族自治区、新疆维吾尔自治区，8 省寄宿生的规模占全国寄宿生规模的 41.13%，其中人数规模较多的云南、四川、广西 3 省寄宿生的规模占全国寄宿生规模的 28.33%。可见，综合寄宿生规模和寄宿率来看，尽管西部地区总体规模和寄宿率都较高，但中部地区若干省的寄宿制学校总体规模和寄宿率也较高，也应该得到关注和重视。

分地区看（见图 6-9、图 6-10），东部地区超过本地区平均寄宿率（5.96%）的省份有 3 个，分别是海南省、河北省、北京市；中部地区超过本地区平均寄宿率（13.51%）的省份有 3 个，分别是湖北省、湖南省、山西省，西部地区超过本地区平均寄宿率（19.34%）的省份有 4 个，分别是西藏自治区、内蒙古自治区、云南省、青海省。综合寄宿生规模和寄宿率来看，东部地区的河北省值得关注。

---

① 图中数据根据《2007—2012 年全国教育事业发展简明统计分析》相关数据整理而成。

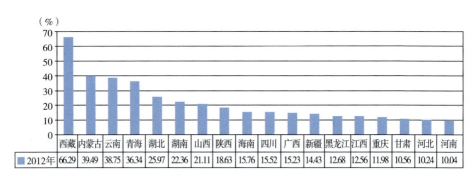

图 6-9　2012 年小学阶段农村寄宿率在 10％以上的省份（%）①

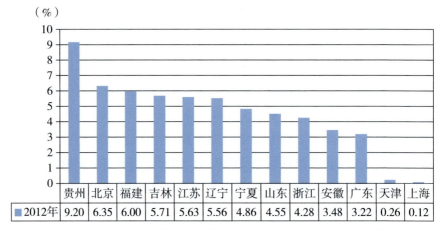

图 6-10　2012 年小学阶段农村寄宿率在 10％以下的省份（%）②

纵向比较，通过 2007—2012 年寄宿率的增长来看（见图 6-11），寄宿率排在前 5 位的分别是西部的云南省、青海省、陕西省，中部的湖南省、东部的海南省。由此看出，虽然西部省份总体寄宿率很高，但从 2007 年至今，东部和中部地区的个别省份则是增速很快，特别是中部的湖南省，寄宿率增加迅速。

---

①　图中数据引自《2012 年全国教育事业发展简明统计分析》。
②　图中数据引自《2012 年全国教育事业发展简明统计分析》。

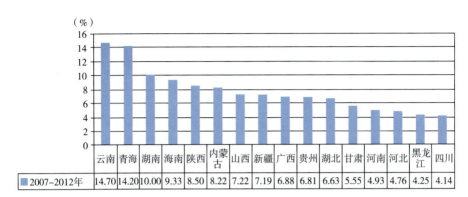

图 6-11　从 2007—2012 年年寄宿率呈上升趋势的部分省份

小学阶段农村学生寄宿率差（%）①

3. 中学阶段，河南、广西、四川、云南 4 省农村寄宿生规模总和占全国三分之一以上。综合寄宿生规模和寄宿率看，东部的山东省和河北省、中部的河南省和湖南省、西部的广西壮族自治区和云南省较为突出

2012 年，中学阶段全省农村寄宿生规模超过 40 万人的有 17 个省份，其中东部省份有 4 个，分别是山东省、河北省、广东省、江苏省；中部省份有 6 个，分别是河南省、湖南省、江西省、湖北省、安徽省、山西省；西部省份有 7 个，分别是广西壮族自治区、四川省、云南省、贵州省、重庆市、甘肃省、陕西省（见图 6-12）。寄宿生最多的省份是河南省，占中

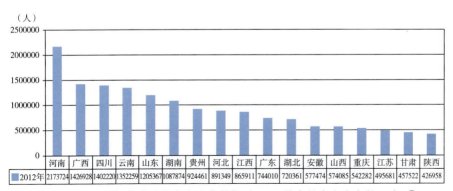

图 6-12　2012 年中学阶段寄宿生人数超过 40 万的省份寄宿生人数（人）②

---

① 图中数据根据《2007—2012 年全国教育事业发展简明统计分析》相关数据整理而成。

② 图中数据引自《2012 年全国教育事业发展简明统计分析》。

部地区农村寄宿生总数的 34.34%，占全国农村寄宿生总体的 12.14%；其次是广西壮族自治区、四川省、云南省，分别占西部地区农村寄宿生总数的 19.38%、19.04%、18.36%，占全国农村寄宿生总体的 7.97%、7.83%、7.55%；再次是山东省，占东部地区农村寄宿生总数的 28.63%，占全国农村寄宿生总体的 6.73%。从寄宿生人数规模看，位于全国前 4 的河南省、广西壮族自治区、四川省、云南省，4 省寄宿生总和占到全国的 35.49%。分地区看，山东和河北两省占东部省份寄宿生总体的 49.81%，河南和湖南两省占中部省份寄宿生总体的 51.52%，广西、四川和云南 3 省占西部省份寄宿生总体的 56.78%（见图 6-14）。

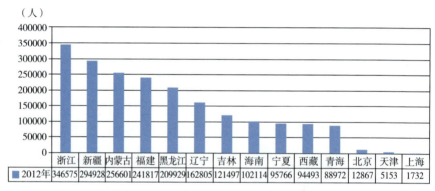

图 6-13　2012 年中学阶段寄宿生人数在 40 万以下的省份寄宿生人数（人）①

纵向比较，通过 2012 年和 2007 年寄宿生的增长规模来看（见图 6-15），东部地区，山东省增幅达到 16.85%，河北省增幅达到 7.24%；中部地区，江西省增幅达到 15.22%，湖南省增幅达到 11.25%；西部地区，宁夏回族自治区增幅达到 30.94%，贵州省增幅达到 19.33%。由此看出，山东省既是东部地区寄宿生规模较大的省份，也是增幅比较快的省份；而中部省份，江西、湖南两省不仅人数众多，增幅也较快，但目前寄宿生人数规模居全国之首的河南省，人数则是负增长，减幅达到 21.04%；西部省

---

① 图中数据引自《2012 年全国教育事业发展简明统计分析》。

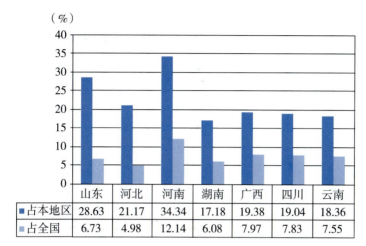

图 6-14　2012 年部分省份中学阶段寄宿生占本地区和全国寄宿生的比例（%）①

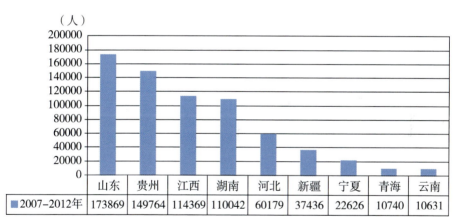

图 6-15　寄宿生呈上升趋势的省份 2012 年与 2007 年相比
中学阶段农村寄宿生规模差（人）②

份中，寄宿生人数规模较多的广西壮族自治区、四川省也都是负增长，减幅分别是 13.45%、12.74%，只有云南省的增幅是 0.79%。虽然相比 2007 年，2012 年全国中学阶段的寄宿生规模是下降的，但在人口较多的省份，多数还是在上升，即使是人口下降的省份，下降的幅度不小，但人数基数

---

① 图中数据根据《2012 年全国教育事业发展简明统计分析》相关数据整理而成。

② 图中数据根据《2007—2012 年全国教育事业发展简明统计分析》相关数据整理而成。

目前依然很大，说明该省寄宿生规模一直很高，河南省即是类似情况，值得关注。

2012 年，中学阶段农村学生寄宿率超过全国平均值（53.89%）的省份有 14 个（见图6-16），其中东部省份 2 个，分别是河北省、山东省，两省寄宿生的规模占全国寄宿生规模的 11.71%；中部省份 5 个，分别是湖北省、湖南省、河南省、山西省、江西省，5 省寄宿生的规模占全国寄宿生规模的 30.28%；西部省份 7 个，分别是广西壮族自治区、西藏自治区、云南省、重庆市、内蒙古自治区、四川省、青海省，7 省寄宿生的规模占全国寄宿生规模的 28.84%，其中寄宿率位居前三的广西、西藏、云南 3 省寄宿生的规模占全国寄宿生规模的 16.05%。综合寄宿生规模和寄宿率来看，尽管西部地区总体规模和寄宿率都较高，但中部地区若干省的寄宿制学校也同样值得关注。

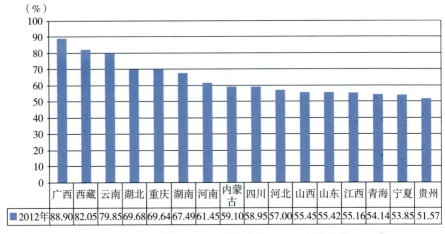

（%）

	广西	西藏	云南	湖北	重庆	湖南	河南	内蒙古	四川	河北	山西	山东	江西	青海	宁夏	贵州
2012年	88.90	82.05	79.85	69.68	69.64	67.49	61.45	59.10	58.95	57.00	55.45	55.42	55.16	54.14	53.85	51.57

图 6-16　2012 年中学阶段农村寄宿率在 50% 以上的省份（%）①

分地区看（见图6-16、图6-17），东部地区超过本地区平均寄宿率（42.28%）的省份有 5 个，分别是河北省、山东省、江苏省、海南省；中部地区超过本地区平均寄宿率（54.81%）的省份有 5 个，分别是湖北省、

① 图中数据引自《2012 年全国教育事业发展简明统计分析》。

湖南省、河南省、山西省、江西省；西部地区超过本地区平均寄宿率（62.85%）的省份有4个，分别是广西壮族自治区、西藏自治区、云南省、重庆市。综合寄宿生规模和寄宿率来看，东部和中部若干省份值得关注。

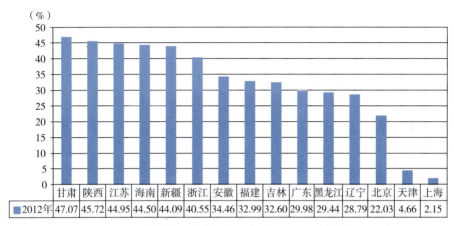

图 6-17　2012 年中学阶段农村寄宿率在 50%以下的省份（%）①

纵向比较，从 2007—2012 年寄宿率的增长来看（见图 6-18），寄宿率排在前 5 位的分别是东部的河北省、山东省，西部的宁夏回族自治区、新

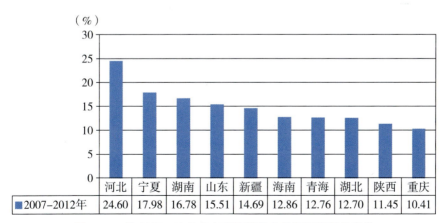

图 6-18　从 2007—2012 年年寄宿率呈上升趋势的部分省份

中学阶段农村学生寄宿率差（%）②

---

① 图中数据引自《2012 年全国教育事业发展简明统计分析》。
② 图中数据根据《2007—2012 年全国教育事业发展简明统计分析》相关数据整理而成。

疆维吾尔自治区，中部的湖南省。由此看出，虽然西部省份总体寄宿率很高，但从 2007 年至今，东部和中部的个别省份增速很快，特别是东部的河北省，寄宿率增幅很快。而居中学阶段寄宿生规模之最多的省份河南省，寄宿率则是负增长（-1.2%）。

（二）中部地区和小学阶段农村寄宿制学校发展困境突出

西部地区虽然寄宿生规模最大、寄宿率高，但只是个别省份非常突出，占据比例较大。例如，在小学阶段，2012 年云南、四川、广西 3 省寄宿生规模总和占西部地区寄宿生规模总体的 58.51%；寄宿率也是西藏、内蒙古、云南、青海 4 省占据高比例，在 36%以上。中学阶段，2012 年广西、四川、云南 3 省寄宿生规模总和占西部寄宿生规模总体的 56.78%；寄宿率也是广西、西藏、云南、重庆 4 省占据高比例，在 69%以上。而中部地区的河南、湖南、湖北、江西等省，包括东部地区的河北、山东等省，寄宿生规模和寄宿率也非常高，甚至超过西部的多数省份。但相比西部的优惠政策以及中部的综合发展条件，西部地区寄宿制学校面临的困境比较突出；相比中学阶段，小学寄宿制学校获得的支持和重视不够。

1. 中部地区教育发展的综合条件落后于西部地区

2012 年，中部地区小学和初中办学条件、教师队伍的多项指标不仅比东部地区差，而且也比西部地区差，并且差距仍在进一步拉大（见表6-3）。

表6-3　2012 年各地区农村义务教育发展水平各项指标值①

	小学			初中		
	东部	中部	西部	东部	中部	西部
生师比	16.26∶1	17.76∶1	16.33∶1	12.44∶1	13.25∶1	14.45∶1
高于规定学历教师比例（%）	83.39	79.81	82.15	72.31	60.62	67.02

---

①　表中数据根据《2011—2012 年全国教育事业发展简明统计分析》相关数据整理而成。表中寄宿生生均宿舍面积因 2012 年统计数据空缺，故此项数据采用 2011 年的统计。

续表

	小学			初中		
	东部	中部	西部	东部	中部	西部
生均校舍建筑面积（m²）	6.69	5.98	6.43	11.49	10.50	9.37
寄宿生生均宿舍面积（m²）	4.07	2.08	2.50	4.91	3.46	3.33
生均图书（册）	21.24	14.57	14.37	31.35	24.69	21.79
生均仪器设备值（元）	633	282	382	1163	656	734
实验仪器达标学校比例（%）	58.25	31.78	57.73	83.76	63.28	75.53
建立校园网学校比例（%）	36.35	9.76	10.37	71.11	38.64	38.80
每百名学生拥有计算机台数（台）	8.78	3.39	4.28	13.34	7.92	7.96

　　而很多中部省区如河南、湖南、江西等义务教育在校生规模大、学校数量多，推进义务教育发展需要更多的投入，而其经济发展水平并不明显高于西部省区，依靠自身财力很难解决（见表6-4）。

表6-4　2012年中西部各省份人均GDP与义务教育在校生数情况①

中部地区	人均GDP（元）	在校生数（人）		西部地区	人均GDP（元）	在校生数（人）	
		小学	初中			小学	初中
山西	33628	2617602	1502433	内蒙古	63886	1365080	746308
吉林	43415	1423679	696588	广西	27952	4264831	1966202
黑龙江	35711	1867729	1204786	重庆	38914	1943177	1087258
安徽	28792	4047018	2130347	四川	29608	5607407	3041867
江西	28800	4341438	1945486	贵州	19710	3800803	2100850
河南	31499	10791827	4537868	云南	22195	4067038	1954348
湖北	38572	3267498	1577701	西藏	22936	292016	130266

---

① 表中数据根据《2012年全国教育事业发展简明统计分析》相关数据整理而成。

续表

中部地区	人均GDP（元）	在校生数（人）		西部地区	人均GDP（元）	在校生数（人）	
		小学	初中			小学	初中
湖南	33480	4737920	2111100	陕西	38564	2346152	1315464
				甘肃	21978	2063549	1180171
				青海	33181	498663	208723
				宁夏	36394	618140	292813
				新疆	33796	1900844	943169
合计	27389	33094711	15706309	合计	38904	28767700	14967439

2. 中部地区获得的国家专项资金支持低于西部地区

2006 年实施农村义务教育经费保障机制改革以来，国家对免学杂费资金、公用经费补助资金的安排都是由中央和地方按比例分担，分担比例为西部地区 8∶2，中部地区 6∶4。中部地区分担比例高于西部地区。

国家实施的一系列重大工程项目，其投入对象西部地区所占比例更大。在国家的大力支持下，西部地区中小学办学条件的很多指标改善幅度大于中部地区，导致地区差距进一步加大（见表 6-5）。

表 6-5　部分国家重大工程项目西部投入占比

	中央投入（亿元）	投向西部（亿元）	西部占比（%）
合计	962.86	558.49	58.00
贫困地区义务教育工程（1995-2005 年）	89.00	63.87	71.76
全国中小学危房改造工程（2001-2005 年）	90.00	51.25	56.94
农村寄宿制学校建设工程（2004-2007 年）	100.00	84.18	84.18
42 个未"普九"县农村寄宿学校建设工程（2008-2009 年）	13.40	13.40	100.00
农村中小学远程教育工程（2003-2007 年）	53.20	27.71	52.09
中西部农村初中校舍改造工程（2007-2011 年）	170.00	88.68	52.16
全国中小学校舍安全工程（2009-2011 年）	280.00	150.30	53.68
农村义务教育薄弱学校改造计划（2010-2011 年）	167.26	79.10	47.29

3. 小学阶段寄宿制相比中学阶段获得的支持和重视不够

虽然 2012 年农村小学寄宿生总体规模为 920.3 万人，只占到中学总体规模 1790.37 万人的 51.4%，但小学阶段寄宿生总体规模达到 30 万以上的省份有 11 个，其总体规模占全国小学阶段寄宿生总体规模的 74.8%，而这 11 个省的中学生阶段寄宿生总体规模才占全国中学生寄宿生总体规模的 62.4%。可见，11 个省份小学阶段寄宿生占比较高，人数较为集中。个别省份如云南省、青海省的小学阶段寄宿生规模甚至超过了本省的中学阶段寄宿生人数。

如表 6-3 所示，2012 年在办学条件、教师队伍等多项指标方面，小学都低于初中，而小学生年纪小，需要获得照顾的方面更多，小学寄宿制学校的投入成本并不能比中学低。但已实施的国家一系列重大工程项目建设中都存在重校舍、轻配套，寄宿制学校建设中重初中、轻小学的状况。目前，国家实施的一系列改善中西部地区办学条件的工程项目往往以校舍建设为主，比如全国中小学危房改造工程、农村寄宿制学校建设工程、全国中小学校舍安全工程等，仅在贫困地区义务教育工程、农村中小学现代远程教育工程、农村薄弱学校改造计划等中涉及教学仪器设备的配备等，导致农村学校教学仪器设备、图书、音体美器材等配备比较差。寄宿制学校建设中，2004 年至 2007 年实施的农村寄宿制学校建设工程以初中寄宿学校为主，2007 年开始实施的中西部农村初中校舍改造工程重点也是支持农村初中新建或改扩建宿舍，导致中西部农村小学生的寄宿条件明显比初中差。

特别是因为农村寄宿制学校建设的政策安排呈现"前紧后松"的特点，2007 年"两基"项目结束后，对于项目地区"工程内"的学校而言，必要的政策安排和长效的保障机制出现了空档。而"工程内"的农村寄宿制学校有 7000 多所，仅占全国农村寄宿制学校的极小部分，大量的"工程外"学校的发展缺乏政策指导和支持。"西部农村寄宿制学校建设工程"主要面对西部地区，其政策效应波及全国农村，各地农村纷纷效仿，以寄宿制学校建设为突破口，进一步推进布局调整，撤并中小学校。

但是，除了中央财政投入所涉及的学校关注了学校建设的标准化问题外，各省自行发展的寄宿制学校对于基本条件的关注仍然处于简单提供寄宿条件，其政策目标更多的还是专注于通过发展寄宿制学校推进布局调整，从而减少辖区内学校数量，扩大学校规模，整合教育资源，压缩教育支出。声势浩大的"西部农村寄宿制学校建设工程"也是注重前期投入，完成"普九"硬件设施要求，而疏于后续建设。因此，当"两基"攻坚目标宣告完成之后，农村寄宿制学校的后期投入和运行机制的构建问题又淡出了人们的视线，漂亮的楼房背后是落后的运行机制和经费保障机制没有得到根本性改变。① 由此导致寄宿制学校硬件建设不到位，而在小学更为突出。

（三）农村寄宿制学校典型案例分析

无论是中学还是小学阶段，河南省寄宿生总体规模居全国之最。以河南省平顶山市为例，目前全市共有农村寄宿制学校 200 余所，在校寄宿制学生约 18 万人，在校寄宿人数占农村学生的比例约 47%，其中农村小学生寄宿比例约为 23%，初中生寄宿比例约为 77%。从平顶山市的典型案例看，农村寄宿制学校存在硬件设施差、师资力量不足、安全工作责任重、管理难度大、学生就餐质量没有保障等问题。②

1. 住房紧缺，硬件设施差

寄宿学校既要解决学生的学习问题，也要解决学生的吃、住、行的问题，但由于寄宿学校大多从走读学校过渡而来，很多学校硬件方面较差，寝室、食堂、操场普遍难以达到寄宿制学校的要求，更无计算机室、音乐室。绝大部分学校住宿条件十分简陋，正规宿舍很少，相当一部分是借用办公室、仪器室、实验室、简易房作学生宿舍用，往往是十几人，甚至是几十人挤在一起。根据统计，全市农村寄宿制小学生均宿舍面积仅 1.9 平方米，而初中不足 1.5 平方米，一些学校的学生连睡觉翻身都很困难，严重影响休息质量，并导致安全隐患增加。

---

① 董世华. 工具价值路径：农村寄宿制中小学发展历史的反思［J］. 教育学术月刊，2014（5）.
② 平顶山市教育局. 平顶山市教育局关于全市农村寄宿制学校的调查报告［R］. 2011-12-09.

2. 师资力量不足，辅助教学人员严重短缺

农村寄宿制学校编制一般都非常紧张，大多数寄宿制学校没有配备专职生活教师。在寄宿制学校里，生活教师在学生们的生活中充当着较为重要的角色，他们不仅要照料学生的生活起居，更要以超强的责任意识，像父母一样关心着每个学生的成长。但是，农村寄宿制学校由于经济条件有限，不能选配专门的后勤管理人员，只好让教师轮流兼管，运行中困难很大，也非长久之计。这种情况对学生的生活起居和正常的教学秩序造成了极大的影响。

3. 安全工作责任重

农村寄宿制学校受经济条件和编制的限制，多数学校没有专职门卫和保卫人员，只能由教师轮流管理，这无形中加重了教师的负担。另外，从法律角度讲，寄宿制学校存在代理管理责任，学生安全问题显得尤为突出。教师除了正常教学工作外，还要负责住校学生的生活和安全保障工作，特别是活动安全、乘车安全等。寄宿学生家庭距离学校一般较远，根据统计，全市农村寄宿制学校学生到校平均距离小学生为4.6公里、初中生为8公里，来回需要乘坐车辆，但能乘坐到所在村庄的学生是少数，特别是寄宿制小学所在地与学生家庭所在村庄间大多没有公交车。学生往返乘坐的车辆大多为摩托车、三轮车、农用车和手扶车，有的车无牌无照，存在严重超载现象，学生的人身安全存在重大隐患。

4. 管理难度大

寄宿制学校建成后，住校生人数剧增，且学生年龄跨度大（往往是从幼儿班到九年级），学生行为习惯参差不齐。学校对学生实行的是全天候管理，学生的吃、住、行全部需教师管理，管理难度非常大。同时，家长的"学校全责任"意识，进一步增大了学校管理工作的难度。留守儿童、学困生的教育转化工作常常得不到家长的支持，导致转化工作难以及时、有效地开展，这既影响了这些学生的健康发展，也增加了学校的管理难度。

5. 学生就餐质量没有保障

虽然国家对寄宿的贫困家庭学生实行了生活补助，但是普及面窄，目前全市农村寄宿学生中获得国家生活补贴的不足30%。由于农村学生家庭

经济困难现象较为普遍，因此学校食堂的餐费标准低，学生就餐质量难以保障。

三、农村寄宿制学校调研结果

为更好地了解寄宿制学校的发展状况，课题组采用自编问卷，对中西部地区安徽、广西壮族自治区、贵州、云南、新疆维吾尔自治区 5 省份的 8 所学校进行了调研。教师问卷的主要目的是了解寄宿制学校教师的工作情况、教师对寄宿制的态度等；学生问卷主要从现状和满意度两个方面，了解寄宿制学校学生的日常学习和生活情况、心理状况以及他们对寄宿制的态度。共调查教师 94 人，调查学生 439 人。

（一）寄宿制学校教师调研结果

本研究对安徽、广西壮族自治区、贵州、云南、新疆维吾尔自治区的 8 所学校（其中小学 5 所、中学 2 所、完全学校 1 所）的教师共 94 人进行了调查。所调查教师基本信息如表 6-6 所示。

表 6-6　被调查教师基本信息

项目	类别	人次	百分比
学校分布	安徽省潜山罗汉中学	10	10.6
	安徽省岳西县毛尖山中学	17	18.1
	广西壮族自治区三江县镇斗江小学	8	8.5
	贵州纳雍县寨乐镇寨乐小学	10	10.6
	安徽潜山龙潭中心小学	9	9.6
	安徽潜山王河中心小学	19	20.2
	新疆昌吉市完全学校	11	11.7
	云南古城区金虹小学	10	10.6
	合计	94	100.0

续表

项目	类别	人次	百分比
性别	男	46	48.9
	女	44	46.8
	缺失	4	4.3
	合计	94	100.0
身份或职务	学校中层干部兼教师	13	13.8
	班主任兼教师	41	43.6
	专任教师	36	38.3
	其他	1	1.1
	缺失	3	3.2
	合计	94	100.0
最高学历	高中（中专）及以下	5	5.3
	专科	38	40.4
	本科	51	54.3
	合计	94	100.0
任教年级	1	7	7.4
	2	9	9.6
	3	3	3.2
	4	5	5.3
	5	9	9.6
	6	14	14.9
	7	9	9.6
	8	12	12.8
	9	10	10.6
	缺失值	16	17.0
	合计	94	100.0

1. 寄宿制学校教师工作量大

教师所任教班级中，学生平均人数为 46.71 人，每班平均寄宿生人数为 31.87 人，寄宿生人数占总人数的 68.23%。这说明寄宿制学校有 2/3 以上的寄宿生，教师压力大。如果没有寄宿生，教师一周的平均工作量是 14.46 课时。有寄宿生后，周工作量是 16.45 课时，t 检验表明，有寄宿生后的工作量显著高于无寄宿生时（见表 6-7）。

表 6-7　有无寄宿生工作量 t 检验结果①

	N	最小值	最大值	平均数	标准差	t
有寄宿生工作量	94	4	27	16.45	4.796	7.050***
无寄宿生工作量	68	4	22	14.46	4.808	

教师工作量大，主要表现在平均在校时间超过了 12 小时（平均数为 12.54，标准差为 6.088）。其中，近半数的教师一周只能回家一次（见图 6-19）。

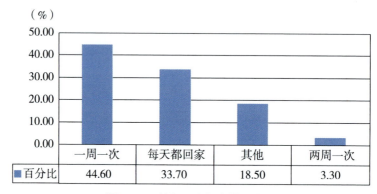

图 6-19　教师回家频次描述统计

2. 寄宿制学校教师关注心理情绪的较少

当问及教师最了解学生的哪些情况时，教师回答最了解的是学习（36.1%），其次是生活（28.5%），再次是品德（22.9%），心理情绪状况

---

① ＊<05，＊＊<01，＊＊＊<001，下同。

最少（11.1%）。这主要和教师平时与学生沟通的主要内容有关，教师平时和学生沟通最多的是学习（29.0%），其次是生活（25.1%），再次是品德（22.9%），交流学生心理情绪状况的最少（21.2%）（见图6-20）。

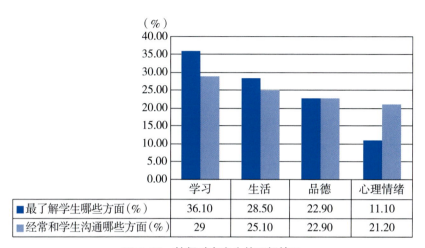

图 6-20　教师对寄宿生的了解情况

3. 教师多在学生出现问题时主动与家长沟通

教师在进行家校沟通时，大多以问题导向为主，不太注重日常学习生活的交流沟通。在被调查的学生中，有93.6%的教师认为教育学生过程中与家长与进行沟通并取得合作是很有必要的。并且，经常主动与家长交流、沟通的占71%，偶尔交流沟通的占29%，不存在不和家长沟通交流的现象。87.0%的教师是在"当学生的学习或思想出现问题时"和家长沟通，"当工作时间充裕时"进行沟通的教师占10.0%，说明教师在进行家校沟通时，以问题导向为主。

教师与家长合作经常用的联系方式使用频率由高至低依次是电话（49.5%）、家访和家长会（23.9%）、书信（1.6%）、其他（1.1%）。与家长交流沟通的内容，依然是以学习为主，具体情况见图6-21。

4. 寄宿生课外时间主要由教师安排

教师认为学生因寄宿而增加的时间应该"组织丰富的课外活动"，占34.4％；其次是"学校专人管理，学生自由活动"，占28.9％；再次是认

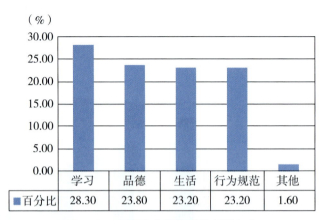

图 6-21　教师与家长沟通的主要内容

	学习	品德	生活	行为规范	其他
■百分比	28.30	23.80	23.20	23.20	1.60

为"作为学校课时的一部分统一安排"，占 24.4%；有 11.1% 的教师认为"上自习以便学生完成当天作业"，只有 1.1% 的教师认为"任课教师自由处理"（见图 6-22）。

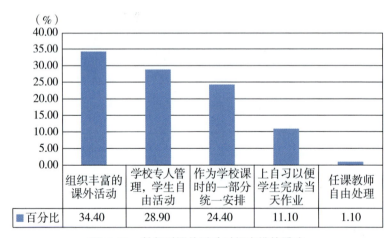

图 6-22　教师对课外活动时间安排的看法

	组织丰富的课外活动	学校专人管理，学生自由活动	作为学校课时的一部分统一安排	上自习以便学生完成当天作业	任课教师自由处理
■百分比	34.40	28.90	24.40	11.10	1.10

　　但事实上，班里的寄宿生课外时间活动"主要由班主任负责安排"的接近半数，占 46.7%；"学生自由活动"占 18.9%；"偶尔由老师安排"的占 16.7%；也有 7.8% 的是"由宿管员负责"（见图 6-23）。

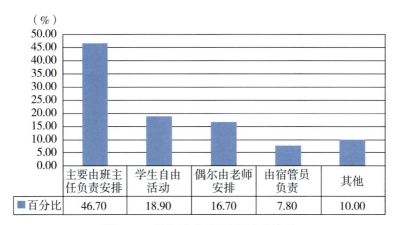

图 6-23　课外活动时间实际安排情况

5. 有近半数学校缺少专职生活教师

在调查学校中，有 45.2% 的学校没有专职生活教师。对于学校生活指导教师的来源，用本校原有教职工的占 90.1%，招聘校外人员的占 4.4%，用教师家属的占 2.2%。对于宿舍管理员应当充当什么角色，教师的看法如下："学生寝室文化的引导者"（21.6%）、"宿舍安全保卫人员"（17.0%）、"就寝秩序的维持者"（15.9%）、"学生课外生活的负责人"（15.9%）、"学生寝室行为的监控者"（14.8%）、"代理家长"（14.8%）（见图 6-24）。教师对这一问题的看法不一致，说明学校和教师都没有认识到寄宿制学校生活教师和宿舍管理员的重要性。

6. 教师认为寄宿制存在较多问题

教师工作量增加、安全隐患增加、低年级学生生活不方便这 3 个问题处在前 3 位，是急需解决的问题。教师认为，寄宿制学校存在的问题依次是："老师的工作量增加"（19.9%）、"安全隐患明显加大"（18.2%）、"低年级学生生活不方便"（16.2%）、"学生食宿条件跟不上"（11.9%）、"学生与家长缺少情感交流"（11.6%）、"学生学习时间过长，缺少必要的业余活动设施"（9.7%）、"寄宿生营养状况令人担忧"（9.1%）、"家长的经济负担加重"（3.4%）（见图 6-25）。

对于上述问题产生的原因，教师认为主要有："农村中小学的自然条

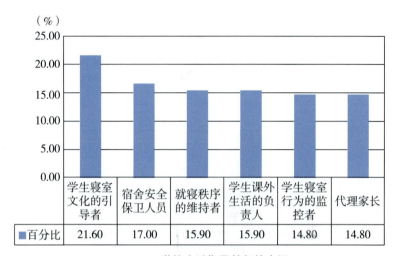

图 6-24　学校生活指导教师的来源

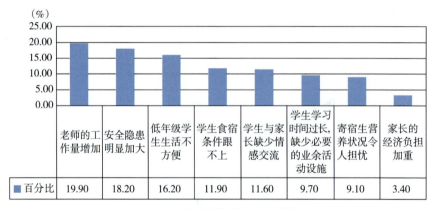

图 6-25　寄宿制学校存在的问题

件决定的"（21.9%）、"国家资金投入不足"（17.8%）、"学生的身心条件还没有达到独立生活的要求"（17.5%）、"农村经济发展水平影响了各方对寄宿制学校的投入水平"（15.6%）、"举办寄宿制学校必然带来的问题"（13.4%）、"寄宿制学校按非寄宿制学校模式办学"（9.7%）、"学校管理不到位"（3.7%）（见图 6-26）。农村中小学的自然条件、国家资金投入不足和学生的身心条件还没有达到独立生活的要求位于前 3 位。

教师认为学生寄宿面临的主要困难从高至低依次为："学生生活自理问题"（26.7%）、"学生安全问题"（25.0%）、"学生卫生问题"（21.9%）、

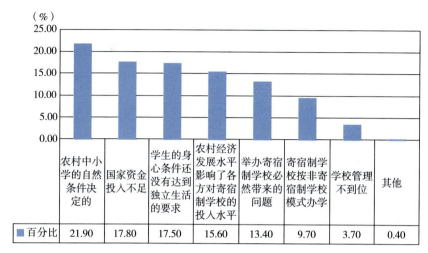

图 6-26　寄宿制学校存在问题的主要原因

"学生想家"（12.8%）、"集体生活营养跟不上，影响儿童健康成长"（12.2%）（见图 6-27）。

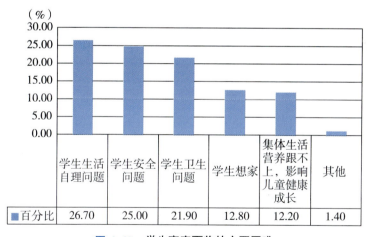

图 6-27　学生寄宿面临的主要困难

7. 对寄宿制学校投入应该重点放在提高教师待遇和改善硬件条件上

教师认为解决寄宿制学校所存在问题的途径是："配备必要的保育人员、生活指导教师和工勤人员"（16.8%）、"增加必要的配套经费"（16.6%）、"改善寄宿条件"（13.1%）、"提高教师待遇，无须增加编制"

（13.1％）、"加大对贫困家庭学生的资助"（11.5％）、"提高伙食质量"（9.9％）、"合理安排学习和自由活动时间"（9.7％）、"构建学生与家长感情交流的机制"（9.0％）（见图6-28）。

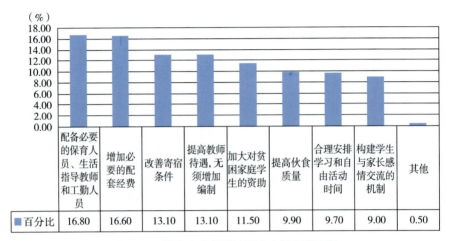

图 6-28　解决寄宿制学校所存在的问题途径

在义务教育均衡发展的背景下，国家对寄宿制学校的投入应该重点放在："提高教师待遇"（24.5％）、"宿舍、食堂、业余活动等硬件设施"（22.5％）、"生活指导教师的配备，减轻专任教师负担"（22.5％）、"增加学校公用经费"（18.2％）、"对寄宿生实行全员补助"（11.9％）（见图6-29）。

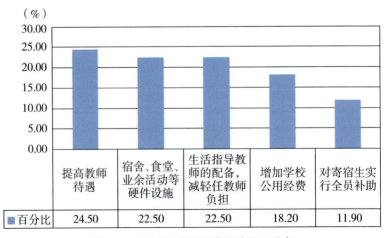

图 6-29　国家对寄宿制学校的投入重点

　　根据经验，超过三分之一的教师（39.3%）认为学生从 7 年级开始寄宿比较合适，23.6%的教师认为从 6 年级开始寄宿比较合适，有 20.2%的教师认为从 4 年级开始寄宿比较合适。这表明，半数以上的教师认为从高年级或者初中开始寄宿比较合适（见图 6-30）。

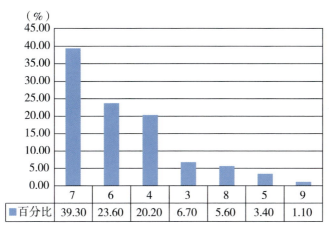

（%）	7	6	4	3	8	5	9
■百分比	39.30	23.60	20.20	6.70	5.60	3.40	1.10

图 6-30　学生寄宿的适宜年龄

8. 寄宿制对学生有正向影响

　　超过三成的教师认为寄宿能够提高学生成绩。从总体上看，有 35.2% 的教师认为寄宿对学生的成绩影响是"提高"，有 38.6% 的教师认为寄宿对学生的成绩影响是"因人而异"，有 13.6% 的教师认为寄宿对学生的成绩影响是"影响不大"，有 6.8% 的教师认为寄宿对学生的成绩影响是"降低"，有 5.7% 的教师认为寄宿对学生的成绩影响是"很难说"（见图 6-31）。

　　接近三成的教师认为寄宿能够有助于学生身心发展。从总体上看，有 31.8% 的教师认为寄宿对学生的身心发展影响是"提高"，有 43.2% 的教师认为寄宿对学生的成绩影响是"因人而异"，有 9.1% 的教师认为寄宿对学生的成绩影响是"降低"，有 8.0% 的教师认为寄宿对学生的成绩影响是"影响不大"，有 8.0% 的教师认为寄宿对学生的成绩影响是"很难说"（见图 6-32）。

　　能够培养学生独立生活能力是寄宿制学校最为有利之处。在教师看

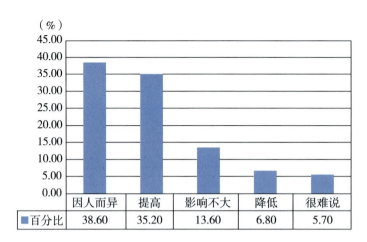

图 6-31　寄宿对学生成绩的影响

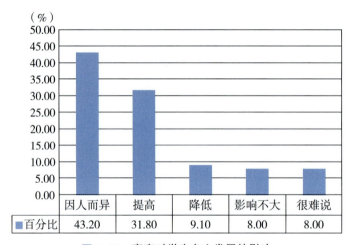

图 6-32　寄宿对学生身心发展的影响

来，寄宿制学校的好处依次是："有利于培养学生独立生活能力"（20.8%）、"为留守儿童提供了便利"（17.7%）、"便于学校集中管理"（15.8%）、"学生上学不用每天辛苦走远路，增加了有效的学习时间"（14.7%）、"有利于师生及同学间交流与共处"（12.7%）、"能够提供比家里更好的学习生活环境"（9.4%）、"缩小了学生家庭之间的文化背景差异"（8.6%）（见图 6-33）。

通过平时的观察，有近三成的教师觉得寄宿生在人际交往（29.4%）

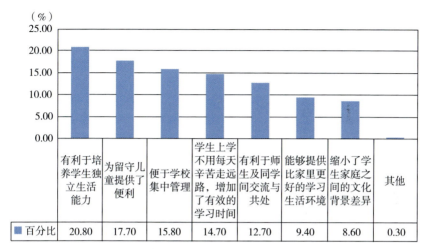

	有利于培养学生独立生活能力	为留守儿童提供了便利	便于学校集中管理	学生上学不用每天辛苦走远路，增加了有效的学习时间	有利于师生及同学间交流与共处	能够提供比家里更好的学习生活环境	缩小了学生家庭之间的文化背景差异	其他
■百分比	20.80	17.70	15.80	14.70	12.70	9.40	8.60	0.30

图 6-33　寄宿制学校的好处

和处理问题的能力（26.5%）方面优于非寄宿生（见图6-35）。

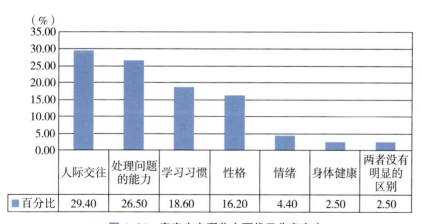

	人际交往	处理问题的能力	学习习惯	性格	情绪	身体健康	两者没有明显的区别
■百分比	29.40	26.50	18.60	16.20	4.40	2.50	2.50

图 6-34　寄宿生在哪些方面优于非寄宿生

教师认为对寄宿生进行生活补助效果很好。其中，有50%的教师认为"对家庭特别困难的学生有一定帮助"，有36.4%的教师认为"减轻了学生家庭的经济负担"，只有6.8%的教师认为"效果不是十分明显"，有6.8%的教师认为"对绝大多学生作用不大"（见图6-35）。

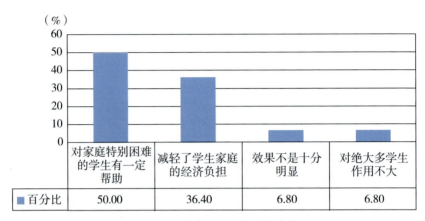

图 6-35 对寄宿生进行生活补助效果

（二）寄宿制学校的学生发展状况调研

课题组共调查安徽、广西壮族自治区、贵州、云南、新疆维吾尔自治区 5 省份的 8 所学校，其中小学 5 所、中学 2 所、完全学校 1 所。有效学生被试 439 人。学生问卷从现状、满意度、问题与建议 3 个角度对学生的课堂教学和课外活动、日常生活、校园及个人安全问题、心理等方面进行了调查。被试基本信息如表 6-8 所示。

表 6-8 被调查学生基本信息

项目	类别	频次	百分比
学校分布	安徽省岳西县毛尖山小学	107	24.4
	广西壮族自治区三江县镇斗江小学	45	10.3
	潜山龙潭中心小学	20	4.6
	潜山罗汉中学学生问卷	35	8.0
	潜山王河中心小学	54	12.3
	新疆维吾尔自治区昌吉市	119	27.1
	云南古城区金虹小学	59	13.4
	合计	439	100

续表

项目	类别	频次	百分比
性别分布	男	184	41.9
	女	235	53.5
	缺失	20	4.6
	合计	439	100.0

项目	类别	频次	百分比
寄宿地点	学校宿舍	307	69.9
	亲戚家	11	2.5
	校外租的房	41	9.3
	其他	69	15.7
	缺失值	11	2.5
	合计	439	100.0

1. 学生课程和课外活动不够丰富

通过对学生的调查，发现寄宿制学校课程和课外活动不够丰富，学生对课外活动也不够满意，但是学生认可教学质量。

（1）学生课程和课外活动不够丰富

学校对于法制教育和心理健康教育重视程度不够。在所调查的学生中，当问及"你所在学校开设下列哪门课程"时，学生选择频次由多到少依次是：体育课（29.3%）、音乐课（25.2%）、美术课（22.8%）、法制教育（11.3%）、心理健康教育（10.2%）、均未开设（1.1%）（见图6-36）。排在前3位的是体育课、音乐课和美术课，可见这3门课程学校还是重视的，但是对于法制教育和心理健康教育，学校重视程度不够。

学生参加的课外活动以体育和各种文艺活动为主，其他活动较少，有一成以上的学生指出"不开展课外活动"，这反映出学校课外活动不够丰富。在所调查的学生中，当问及"你经常参加的课外活动有哪些"时，学生选择频次由多到少依次是："运动会等各种体育竞赛"（35.1%）、"各种文艺活动"（歌咏比赛、晚会等）（22.4%）、"公益活动"（扫墓、看望孤

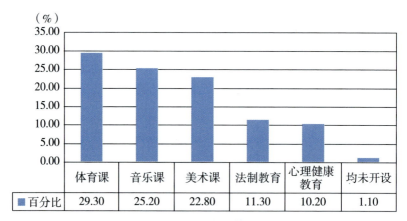

图 6-36　课程开设情况

寡老人等）（10.5%）、"科技竞赛、手工制作等"（10.0%）、"其他"
（4.7%）、"参加农业生产劳动"（3.6%），有一成以上的学生指出"不开
展课外活动"（13.8%）（见图 6-37）。

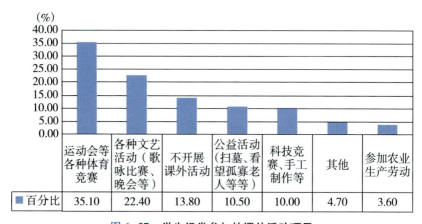

图 6-37　学生经常参加的课外活动项目

　　有半数以上的学校没有社团活动。在所调查的学生中，当问及"你经
常参加学校的哪些社团"时，学生选择频次由多到少依次是：学生会
（13.3%）、其他（11.9%）、艺术团（9.4%）、广播站（5.2%）、记者站
（0.9%）。有59.3%的学生回答"没有社团"（见图6-38）。

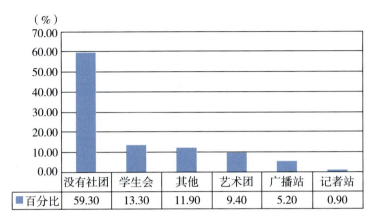

（%）

	没有社团	学生会	其他	艺术团	广播站	记者站
■百分比	59.30	13.30	11.90	9.40	5.20	0.90

图 6-38　学生经常参加的社团活动

学校最常见的场馆是图书馆和篮球场。当问及学生"课余时间你经常去的学校场馆有哪些"时，学生选择较多的是图书馆（38.9%）和篮球场（29.1%），其他场馆选择较少：计算机房（5.4%）、体育馆（4.5%）、足球场（4.2%）、其他（3.0%）、网球场（1.0%）、语音室（0.5%）、游泳馆（0.3%）（见图 6-39）。尽管选择"没有上述场馆"的只有 13.1%，但上述数据足以说明，农村寄宿制学校场馆建设还是极为落后的。

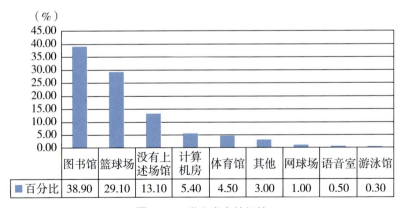

（%）

	图书馆	篮球场	没有上述场馆	计算机房	体育馆	其他	网球场	语音室	游泳馆
■百分比	38.90	29.10	13.10	5.40	4.50	3.00	1.00	0.50	0.30

图 6-39　学生常去的场馆

仅不足二成学生认为学校课外活动丰富。有 50.8% 的学生觉得学校课外活动"一般"，有 30.1% 的学生认为学校课外活动"不丰富"，有 19.1%

的学生认为学校课外活动"丰富"（见图6-40）。

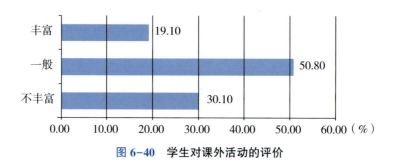

图 6-40　学生对课外活动的评价

（2）半数以上学生认为住校对学习帮助效果一般

尽管学生认可教师的教学水平和态度，例如62.0%的学生觉得教师上课讲得好，有75.6%的学生认为教师认真。但仅有35.9%的学生认为住校对自己的学习成绩"帮助很大"，有56%的学生认为住校对自己的学习成绩帮助"一般"，有8.1%的学生认为住校对自己的学习成绩"没有帮助"（见图6-41）。

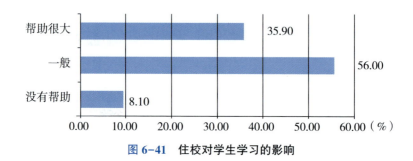

图 6-41　住校对学生学习的影响

2. 学生在校生活状况堪忧

（1）学生寄宿时饮食和睡眠状况不佳

有一成多的学生住校期间不能吃饱。当问及学生"住校期间你是否能吃饱"时，有11.3%的学生回答"不能"，有44.1%的学生回答"一般"，有44.6%的学生回答"能"，回答能吃饱的学生接近一半。

七成学生睡眠状况不佳。当问及学生"住校期间你的睡眠时间够吗"时，有26.0%的学生回答"不够"，有46.1%的学生回答"一般"。只有

27.9%的学生回答"充足"，此类学生不足三成，说明睡眠不足问题在农村寄宿制学校也很严重（见图6-42）。

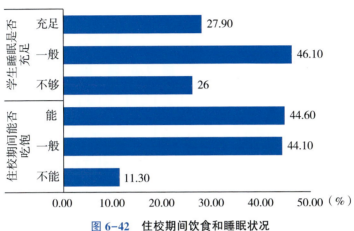

图 6-42　住校期间饮食和睡眠状况

（2）学生对日常生活评价一般

无论是对住校期间生活的便利性，还是食堂的质量，以及食堂和宿舍的卫生，评价为"一般"的学生比例最高。

对于住校期间学校生活是否方便，有55.8%的学生选择"一般"，有23.5%的学生选择"不方便"，有20.7%的学生选择"方便"。

当问及学生"学校食堂的饭菜好吃吗"时，有55.8%的学生回答"一般"。有24.7%的学生回答"不好吃"。只有19.5%的学生回答"好吃"，此类学生不足二成，说明食堂饭菜质量不能满足学生的要求。

当问及学生"学校食堂的卫生情况"怎么样时，有64.5%的学生回答"一般"，有7.6%的学生回答"很脏"，只有27.9%的学生回答"很干净"。当问及学生"宿舍卫生情况怎么样"时，有58.4%的学生回答"一般"，有6.4%的学生回答"很脏"，只有35.2%的学生回答"很干净"（见图6-43）。

3. 校园安全状况良好

总体来说，学校对住校学生和进出学校人员管理严格，学生对学校安全管理满意。

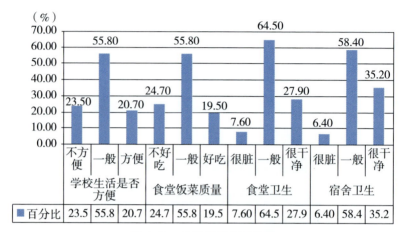

图 6-43　住校期间生活状况

（1）学校管理严格

学校管理严格，62.5%的学生认为住校期间不能随意到校外活动，44.5%的学生认为校外人员"从不能"随意进出学校，有57.8%的学生回答校外人员"从不能"随意进出学生宿舍，并且有86.7%的学生回答"每天都有"教师巡视学生宿舍（见图6-44）。这些数据均说明学校管理严格。

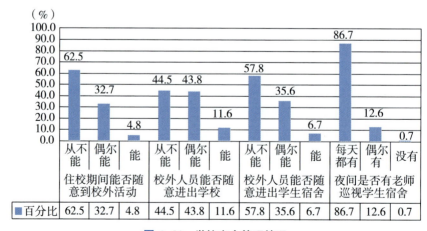

图 6-44　学校安全管理情况

（2）学生对校园及个人安全问题较为满意

超过八成的学生认为学校关心学生的人身安全。调查表明，有80.8%的学生认为学校关心学生的人身安全，有18.8%的学生认为学校对学生人身安全关注程度只是"一般"，只有0.5%的学生认为学校"不关心"学生的人身安全。

近六成的学生认为学校对宿舍管理严格。调查表明，有59.9%的学生认为学校对宿舍管理"严格"，有37.6%的学生认为学校对宿舍管理"一般"，有2.6%的学生认为学校对宿舍管理"不严格"。

当问及学生"有异性老师骚扰学生吗"时，有2.1%的学生回答"经常有"，有10.5%的学生回答"偶尔有"，87.4%的学生回答"没有"（见图6-45）。

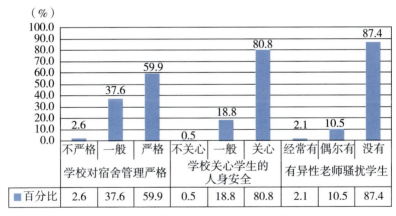

图6-45　学校是否关心学生的人身安全

4. 学生心理状况不容乐观

（1）仅不足四成学生认为自己在学校快乐

当问及学生"你在学校快乐吗"，只有37.8%的学生回答"快乐"，有53.7%的学生回答"介于两者之间"，有8.5%的学生回答"不快乐"（见图6-46）。

超过八成的学生在心情不好时向同学或朋友求助。有82.7%的学生在心情不好时向同学或朋友求助，只有6.5%的学生会向教师求助，10.9%的

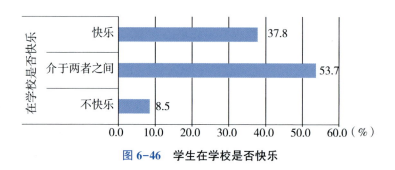

图 6-46　学生在学校是否快乐

学生会向家人求助（见图6-47）。可见，中小学生的主要倾诉对象是同学或朋友，其次是家长，向教师求助的人最少。

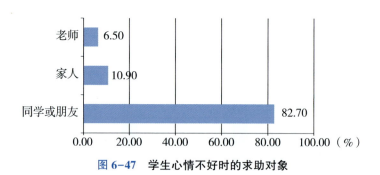

图 6-47　学生心情不好时的求助对象

通常导致学生心情不好的事情有：作业太多（32.2%）、和同学关系不好（17.5%）、听不懂老师讲课（15.8%）、学校生活单调（15.6%）、老师对我态度不好（6.0%）、其他（5.5%）、在学校受欺负（5.1%）、家长不关心自己（2.2%）（见图6-48）。排在前3位的是作业太多（32.2%）、和同学关系不好（17.5%）、听不懂老师讲课（15.8%），可见学习压力以及学校中的人际关系是影响学生情绪的主要因素。

（2）不足四成的学生认为和老师关系好

学生和老师的关系不容乐观，仅不到四成的学生认为和老师关系好，尽管有超过半数的学生认为老师关心自己，但是超过七成的学生认为老师关心的是自己的学习。

有35.1%的学生认为和老师的关系"好"，有60.8%的学生认为和老

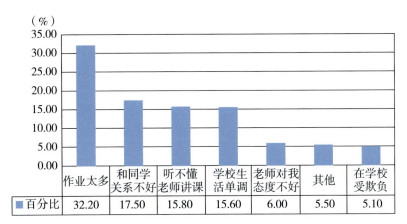

图 6-48 导致学生心情不好的事情

师的关系"一般",只有 4.1% 的学生认为和老师的关系"不好"。有 56.1% 的学生认为老师"关心"自己,有 40.0% 的学生认为"一般",有 3.9% 的学生认为老师对自己"不关心"。有 73.0% 的学生认为老师主要关心自己的"学习",有 17.2% 的学生认为老师主要关心自己的"身体健康",只有 9.8% 的学生认为教师关心学生的"心理健康"(见图 6-49)。

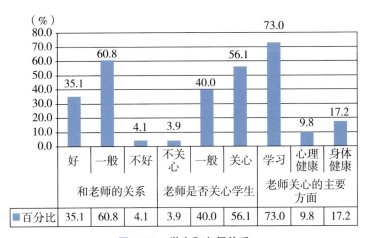

图 6-49 学生和老师关系

(3)近九成学生认为自己和父母关系好

尽管住校,但与教师的关系不同,学生和家长的关系很好。有 88.2%

的学生认为自己和父母的关系好。有 92.5% 的学生认为父母关心自己。并且,关心孩子身心健康的比例较之教师更高,有 50.3% 的学生认为父母关心自己的"学业",有 43.7% 的学生认为父母关心自己的"身体健康",有 5.9% 的学生认为父母关心自己的"心理健康"(见图 6-50)。

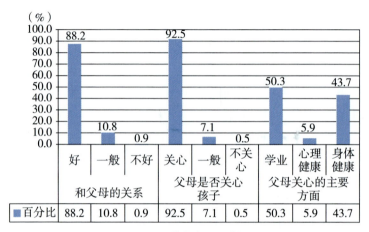

图 **6-50** 学生和父母关系

学生和父母均主动沟通,频率较高。有 74.7% 的学生认为父母和自己"双方都主动联系",有 12.7% 的学生认为是"父母主动联系自己",有 12.7% 的学生认为是"自己主动联系父母"。有 90.0% 的学生与家长一周联系一次及以上,有 7.6% 的学生两周联系一次,有 2.4% 的学生一个月联系一次(见图 6-51)。

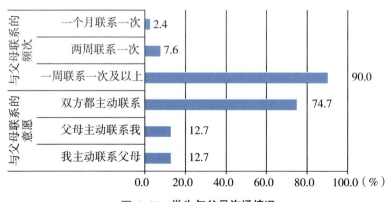

图 **6-51** 学生与父母沟通情况

（4）近六成的学生认为自己与同学关系好

有 56.1% 的学生认为自己与同学关系好，有 43.0% 的学生认为自己与同学关系一般，有 0.9% 的学生认为自己与同学关系不好（见图 6-52）。

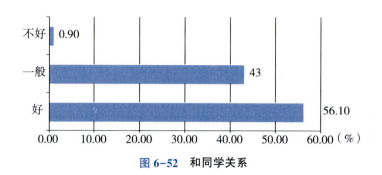

图 6-52　和同学关系

（5）学生不喜欢住校的居多

只有 25.5% 的学生认为自己"喜欢"住校，有 29.2% 的学生认为自己"不喜欢"住校，有 45.3% 的学生认为"不好说"（见图 6-53）。

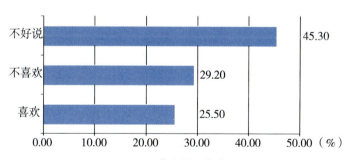

图 6-53　学生是否喜欢住校

喜欢住校的原因，按照频次由多到少依次是："和同学在一起更有趣"（34.2%）、"学习时间更多"（32.6%）、"不用天天走远路"（24.3%）、"在学校更自由一些"（7.4%）、"学校条件比家里好"（1.4%）（见图 6-54）。

不喜欢住校的原因，按照频次由多到少依次是："想家"（29.8%）、"学校条件没有家里好"（28.4%）、"学校管得太严，没有自由"（21.9%）、"学习时间太长"（12.5%）、"与同学难以相处"（7.3%）（见

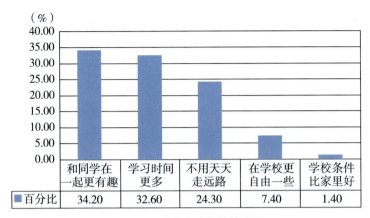

（%）				
	和同学在一起更有趣	学习时间更多	不用天天走远路	在学校更自由一些	学校条件比家里好
■百分比	34.20	32.60	24.30	7.40	1.40

图 6-54　学生喜欢住校的原因

图 6-55）。

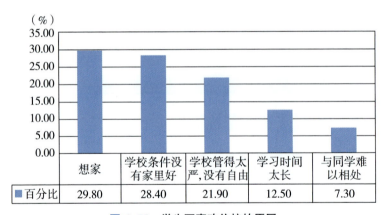

（%）				
	想家	学校条件没有家里好	学校管得太严，没有自由	学习时间太长	与同学难以相处
■百分比	29.80	28.40	21.90	12.50	7.30

图 6-55　学生不喜欢住校的原因

　　学生在学校遇到的困难，按照被选频次由多到少依次为："没有地方洗澡"（29.0%）、"想家"（18.8%）、"课外生活单调"（13.4%）、"伙食不好"（11.8%）、"住宿条件不好"（6.5%）、"上厕所害怕"（5.3%）、"没有开水喝"（3.8%）、"不安全"（3.6%）、"其他"（3.6%）、"没有地方洗衣服"（2.6%）、"不会洗衣服"（1.7%）。排在前3位的是"没有地方洗澡"、"想家"和"课外生活单调"。可见，在学生看来生活条件差、缺少家庭温暖和课外生活不够丰富是困扰他们的主要原因。这和教师认为学生生活自理能力差不一致。

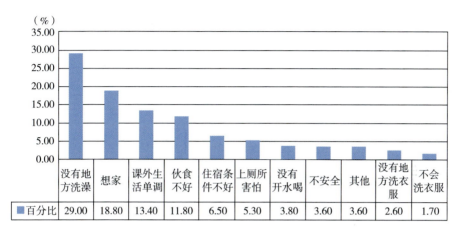

图 6-56　学生在学校遇到的困难

5. 学生的建议

针对上述情况，学生希望学校增加的课外活动频率最高的为"各种文艺活动"（见图 6-57）。

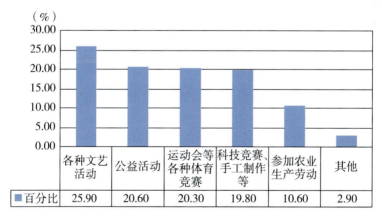

图 6-57　学生希望增加的课外活动

对于怎样安排课外活动时间，近半数学生希望由"班级组织活动"（见图 6-58）。

在日常生活上，学生最希望学校改进的是"伙食质量"（见图 6-59）。

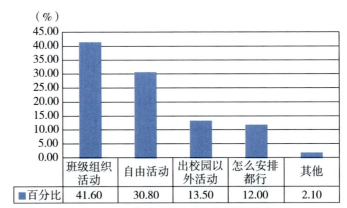

图 6-58　学生希望由谁组织课外活动

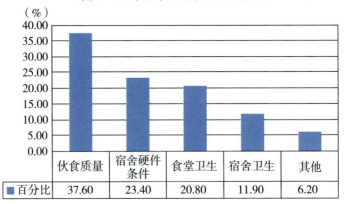

图 6-59　日常生活中学生最希望学校改进的项目

在安全问题上，学生认为还需注意的是"加强管理"（见图 6-60）。

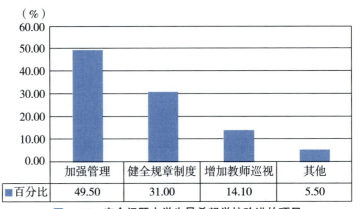

图 6-60　安全问题中学生最希望学校改进的项目

学生在心理健康方面希望学校能够"开展相关的集体活动"（见图6-61）。

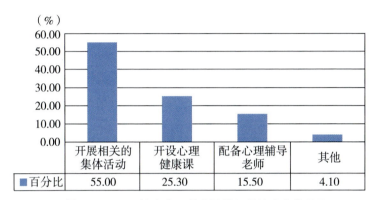

（%）	开展相关的集体活动	开设心理健康课	配备心理辅导老师	其他
■ 百分比	55.00	25.30	15.50	4.10

图6-61　心理健康方面学生最希望学校改进的项目

（三）寄宿制学校存在的问题分析

上述结果表明，寄宿制学校存在以下问题：学校课程设置不够全面，未能重视学生的全面发展；学校和家长过分重视学习，忽视情感教育；学校食堂和宿舍还不能满足学生日常所需；教师工作量大；等等。

1. 学校课程设置不全面，未能重视学生全面发展

此次调查结果表明，学校非应试课程开设不全，思想品德教育、美术、体育心理健康教育等课程存在不能开课的现象。学生课外活动不丰富，社团活动缺乏，活动场馆缺乏，学生能够自己安排课外活动的较少。

产生这种现象有主观和客观两方面的原因。主观上，受应试教育思想的影响，一些学校依然把追求升学率当作各项工作的重心，其他工作则是在围绕这个中心开展。在这样的应试教育影响下，重智育轻德育，重知识轻能力的现象依然在学校中存在。学校在非应试课程中投入精力少，课外活动组织较少。客观上，对于农村寄宿学校，尤其是偏远学校，在非应试学科上专任教师配备不足，没有专任教师来教授这些课程，有些课程就是形同虚设。由于农村教师的视野不够宽广，课外活动和社团活动形式相对单一。另外，由于经费有限，学校也缺少课外活动场馆。上述原因导致寄

宿制学校不能保证对学生进行全面的身心教育，尤其是对于寄宿的学生来说，知识面很难拓宽，实践和创新能力难以得到锻炼，学生很难做到全面发展。

2. 教师和家长过分重视学习，忽视情感教育

此次调查发现，无论是教师还是家长，最关心的、最了解的是学生的学习，对于学生的情绪、情感和心理了解较少。学生在有了心理压力后，主要是向同伴群体寻找支持，向家长和教师寻求帮助的较少。这都表明，教师和家长忽视情感和心理教育。

教师过分重视学习是因为寄宿制学校片面地注重学生的学习成绩。在农村寄宿制学校里，学生的成绩被认作是评定一个教师能力的重要指标之一。寄宿制学校同时还会出于一种对家长所满意的"考试成绩单"负责的心理，将更多的精力花费在关注寄宿制学生的学习成绩上。农村家长由于自身文化程度不高，意识不到心理健康的重要性，关注不到情绪心理，又有通过读书改变命运的想法，所以更关注学习。

只关注学习不关注心理，对寄宿制学校的学生来说，严重影响了他们的心理健康。此次调查中，仅不足四成的学生认为自己快乐。在寄宿制学校内，学生与同学和教师的交流、互动的程度在很大程度上决定了学生不开心事件发生的频率；学校和教师对学生情感关怀的手段和方式恰当与否在很大程度上决定了学生自身能否有效地排解内心的压抑和痛苦。如果学生不能很好地与同学和教师展开互动和交流，学校和教师不能采取有效的情感关怀手段和方式，那么发生在学生身上的小矛盾就很可能在他们的内心留下大阴影。为学生长远的身心发展考虑，学校和家长都应关注学生的心理健康。

3. 学校食堂和宿舍还不能满足学生的日常所需

此次调查中，学生反映食堂卫生、食品质量、宿舍卫生、自己睡眠状况都不好。还有学生反映，在学校不能洗澡而导致生活不便。可见，寄宿制学校与日常生活有关的设施建设、管理运营等都还存在问题。

饮食质量不高则和管理不善有关。农村寄宿制学校学生在校食宿，人数多且相对集中。学生食堂应当制作出安全、美味、营养的饭菜，让学生

开心、放心地消费，保证学生正常的生长发育。但部分学生反映吃不饱、不好吃，这说明学校没有重视学生的饮食健康。学校学生饮食卫生事关学生的身体健康和学校的教学秩序，学校应当重视，并完善相关的规章制度。

另外，只有三成多的学生认为宿舍卫生条件可以接受，有七成的学生反映睡眠不好，还有学生反映不能洗澡是困扰自己的一大问题，这都说明农村寄宿制学校的住宿条件很差，不能满足学生的需要。这和学校建设经费不足有关，也和学校不重视在生活设施建设上的投入有关。今后应当加大在寄宿制学校生活设施建设上的投入。

4. 教师工作量大

调查表明，有寄宿学生后，教师工作量增大，每天工作时长增加，周末休息时间减少。

教师工作量增大的主要原因有两个，一是教师配备不足，缺少专职的生活教师；二是没有完善的寄宿生管理制度。有寄宿学生后，教师工作量的增加主要体现在课外时间的管理，关注学生安全问题，管理学生住宿时的秩序，等等。农村寄宿学校教师人员配备不足，缺少专职生活教师，由课任教师兼职宿舍管理人员。这些教师既要负责日常教学，又要负责学生的日常生活管理，工作量必然增加。另外，由于大部分学校住校生管理规章制度不健全，遇到事情时往往无规章可依，再加上教师多为兼职，缺少管理学生日常生活的经验，学校也很少组织关于学生生活管理的业务培训，教师需要从经验中逐渐摸索规律，心理承受的压力增大，主观感受到的工作量也就更大。教师工作量大带来的直接后果就是教师对工作的热情降低，认为寄宿制对学生的发展益处不大，不认可寄宿制。减轻寄宿制学校教师工作量也是今后面临的重要问题。

四、完善我国寄宿制学校的对策建议

实践证明，农村中小学实行寄宿制，有利于更多的农村学生享受优质教育资源，有利于提高教育教学质量，是利国利民的重大举措。但农村寄宿制学校目前存在的一些问题应引起党和政府及社会各界的高度重视，必须逐步加以解决。为促进寄宿制学校的健康发展，本研究提出如下对策建议。

（一）"全面改薄"等重要工程的实施要向寄宿制学校倾斜，补齐义务教育均衡发展的短板

2010年，国家启动实施了农村义务教育薄弱学校改造计划。据财政部数据显示，从2010年起到2013年，中央财政4年已累计安排薄弱学校改造计划补助资金656.8亿元，支持农村义务教育薄弱学校配置教学仪器设备、音体美器材、图书、多媒体教学设备等，改善寄宿和餐饮条件，支持县镇学校扩容改造，取得明显成效。[①] 尽管如此，贫困地区学校的教学条件依然较差，寄宿制学校仍存在宿舍、食堂等生活设施不足等问题。对此，提出如下建议。

1. 加大对农村寄宿制学校基本办学条件的投入

2014年，教育部、国家发展改革委、财政部共同制定的《关于全面改善贫困地区义务教育薄弱学校基本办学条件的意见》中提出，中央财政每年投入350亿元，用5年时间投入1750亿元聚焦贫困地区，使那里的义务教育学校都能基本达标。[②] 在中央财政加大投入的同时，各地政府在分配中央财政资金和使用地方配套资金的时候，要尽可能地向寄宿制学校倾斜，以满足农村义务教育寄宿学校基本办学条件为出发点，从保障基本教学条件、改善学校生活设施、推进农村学校教育信息化等方面进一步提升寄宿制学校的办学水平，保证寄宿制学校具备最基本的办学条件。

2. 将寄宿制学校的"改薄"成效作为地方绩效评价的主要依据

为了不让寄宿制学校成为义务教育均衡发展的短板，在编制"全面改

---

① 韩洁，高立. 中央财政投207亿元改善农村薄弱学校办学条件［EB/OL］. ［2013−12−11］. http：//education. news. cn/2013−12/11/c_ 118519217. htm.

② 教育部，国家发改委，财政部. 关于全面改善贫困地区义务教育薄弱学校基本办学条件的意见［EB/OL］. ［2013−12−31］. http：//www. gov. cn/gzdt/2013−12/31/coutent_ 2557992. htm.

薄"方案时，各地要明确寄宿制学校"全面改薄"的重点任务，不得盲目以标准化建设为目标，贪大求全。要把"补短板""保基本"放在首位，遵循"节俭、安全、实用、够用"的原则，优先满足寄宿制学校在教学、生活方面的需要，避免大拆大建，杜绝超标准建设和奢华浪费。中央或上级行政部门要把各地制定和实施寄宿制学校"改薄"的工作目标，作为评价地方"全面改薄"绩效的主要依据。

（二）建立寄宿制学校质量标准和监测体系，保证寄宿制学校的办学质量

2000年以来，为了促进地区间、城乡间和校际间办学条件的均衡配置，国家分别从出台标准、校舍改造、学校建设等三大方面出台了众多政策文件。整体上办学标准不断健全，在国标的基础上，各省办学标准也在不断完善。但从已有政策文件、工程项目来看，仍存在标准之间交叉重叠甚至不一致等问题。寄宿制学校建设尤其缺乏可参考的质量标准。对此提出如下建议：

1. 制定不低于国标和省标的农村寄宿制学校质量指标体系

结合当前经济社会发展状况和未来十年教育发展的需要，建议由教育部牵头，与发改委、财政部、中编办、住房城乡建设部、国家卫生和计划生育委员会等相关部门合作，在对现有标准进行整合清理的基础上，共同参与制定城乡统一的国家义务教育学校办学条件标准体系，作为强制性的全国中小学办学条件基本标准。各省以国家标准为底线标准，根据各自的实际情况制定省标，省标只能高于国标或与国标相当，不能低于国标，以确保义务教育发展的底线均衡。在保证不低于义务教育办学国标和省标的基础上，各地要建立适合于不同地区实际情况的农村寄宿制学校质量指标体系，对学校的硬件建设、管理制度、各种生活保障设施和人员的配备做出详细规定。

2. 建立和加强对农村寄宿制学校办学质量的监测

教育行政部门要加强与政府其他部门的协同。首先，建立对农村寄宿制学校的监测体系，合理配置各级各类教育资源，有效监控和评估农村寄

宿制学校的建设质量和水平。其次，将促进寄宿制学校发展情况纳入对地方教育行政部门和各级政府的考核内容，并建立问责机制。最后，建立监督检查结果公告制度和限期整改制度，将监督检查结果和问题整改情况及时向社会公开，接受媒体和群众的监督。

（三）提高农村寄宿制学校生均公用经费标准，完善建立经费保障机制

自 2006 年农村义务教育经费保障机制改革以来，生均公用经费经过 6 次提标，从最初的年均 10～20 元，提高到目前的中西部年生均小学 600 元、初中 800 元，并分省核定取暖费，提高寄宿制学校公用经费。这是国务院高度重视农村义务教育的体现，是中央和地方各级财政倾斜支持农村义务教育的重要措施。[①] 尽管如此，寄宿制学校生均公用经费仍存在很大的缺口。对此提出如下建议。

1. 加大对农村寄宿制学校公用经费和配套资金的投入

寄宿制绝不仅仅是学生住在学校。有研究表明，寄宿制学校和非寄宿制学校公用经费支出存在较大差距，寄宿制学校要高出非寄宿制学校 1 倍以上。[②] 针对农村寄宿制学校存在的公用经费紧张的状况，中央和地方各级财政应进一步加大公用经费和配套资金的投入，并重点向农村寄宿制学校倾斜。各地要及时、足额地落实地方财政应承担的公用经费补助资金；同时，切实发挥省级统筹作用，本着向寄宿制学校、规模较小学校和教学点倾斜的原则，统筹安排公用经费补助资金。从长远来看，我国有必要改变现行的均一化拨款模式，建议寄宿制学校生均公用经费拨款标准应为非寄宿生的 2 倍。[③]

2. 加大对农村寄宿制学校学生的资助力度

寄宿制学校加重了农村学生的负担，伙食费、交通费等开支超出了当

---

① 中国教育报. 中央财政再次提高农村义务教育学校公用经费标准 [N]. 中国教育报，2014-06-11（1）.

② 雷万鹏，汪曦. 寄宿制学校成本与财政拨款权重实证研究 [J]. 中国教育学刊，2013（6）：12-15.

③ 白亮，张璇. 西部"巨型寄宿制学校"下的阴影——甘肃省 S 县农村寄宿制学校调查 [N]. 中国教育报，2013-9-26（5）.

地农民的承受能力。因此，应进一步加大对农村寄宿制学校学生的资助力度，实行伙食、校服、交通补助制度，加快建立农村贫困学生资助体系。

（四）增加寄宿制学校工勤人员编制，建立健全寄宿制学校基本管理制度

调查表明，现有大多数寄宿制学校的工勤人员配置主要分为没有编制的外聘人员和由本校教师兼任的两种情况，解决工勤人员编制问题成为当前农村寄宿制学校建设的当务之急。对此提出如下建议。

1. 增加生活教师、专职医护、保安和炊事人员等编制

应增加寄宿制学校教师编制，配备生活教师、专职医护、保安和炊事人员。根据农村寄宿制学校住校学生人数，核定学校后勤从业人员编制，根据编制把他们的工资纳入财政预算。对于兼任生活教师的教学人员，应根据其承担的实际非教学工作量给予合理补偿，并在绩效考核中增加对教师额外劳动的考量和认定；对于寄宿制学校的班主任，应根据其工作绩效和工作量，大幅提高班主任教师的津贴水平，以稳定教师情绪，使他们安心从教。

2. 对农村寄宿制学校后勤管理人员加强培训

建议把后勤管理人员的培训纳入"贫困地区义务教育工程"，开办"贫困地区义务教育工程学校后勤管理人员培训班"，以弥补学校在这方面的不足。从长远来看，应建立健全寄宿制学校基本管理制度。首先应尽快建立健全宿舍安全、食堂卫生、伙食标准等基本管理制度，加强对食堂尤其是承包食堂的监管。其次，县级政府要明确当地医院负责寄宿制学校卫生防疫工作，有条件的地方或条件具备时，应在学校设立卫生室或校医室。最后，要培养专门的管理人才，建议在师范类大学、大专、中专学校设立寄宿制学校管理专业，培养一批专门的初级、中级和高级人才。

（五）丰富农村寄宿制学校学生的生活，促进学生身心健康和全面发展

寄宿制学校不仅是教育教学的场所，也需要承担家庭和社会的部分功能。寄宿制学校应在课堂教学、课外活动、日常生活和体育运动等方面进

行必要的整体改革，发挥对学生的综合影响。为促进学生的身心健康和全面发展，应在管理中积极探索学校主导、家长参与、社会协同的创新模式，形成家庭、学校、社会的教育合力。

1. 开展丰富多彩的活动对学生实施综合影响

学校应从寄宿的特点出发，开展丰富多彩的活动来满足寄宿生的需要。一是晚自习除了完成当天的作业外，可组织学生看电视，读书看报、下棋，进行各种体育比赛等。二是可以根据学生的爱好特长，由专门的教师对学生进行特长培养，如组织艺术团、科普活动小组、各种兴趣小组等。三是开展主题班会、联谊会、道德法制讲座等活动，让寄宿生充分感受到来自学校大家庭的温暖。为此，学校应提供更多适合儿童阅读的图书、报纸杂志等读物，并且增加儿童的体育娱乐设施，增添儿童精神上的慰藉及生活上的乐趣。此外，应建立寄宿生心理发展档案，设立"心理健康咨询室"，安排有经验的教师担任心理医生，及时发现和诊治寄宿生出现的心理健康问题，帮助解决他们心理上的困惑。[①]

2. 高度重视亲情互动交流硬件的建设

针对农村寄宿制学校的绝大多数学生都是留守儿童，其父母常年不在身边，缺少亲情交流，使得孩子们的心理相当脆弱和孤单。特别是小学阶段或低龄的留守儿童，与父母较长时间不能在一起，易产生情感问题，造成性格缺陷。而且寄宿学校一般学生数量多，班级规模大，住宿条件拥挤，也造成了同学之间的激烈竞争和人际关系紧张，加重了寄宿生的心理负担。所以学校在建设过程中，应考虑电话、网络交流及邮政通信等设备的建设，有条件的学校可设立亲情交流专用活动室，供学生定期和亲人互相交流学习和生活情况，从而使在外务工的家长放心、在校学习的孩子安心。

---

① 郭清扬. 寄宿校应是乡村最温暖的地方 ［N］. 中国教育报，2013-9-26（5）.

[后 记]

本报告为中国教育科学研究院 2013 年度基本科研业务费专项基金课题"国情系列"项目《中国农村教育发展报告 2013》（课题批准号：GY2013013）的研究成果。

课题主持人为杨润勇；课题组成员包括高丙成、赵小红、高慧斌、刘晓楠、郭红霞、黄海鹰、方铭琳、刘玉娟、王小飞、王晓燕等。杨润勇负责课题研究的设计策划、论证研讨及报告的撰写、修改和统稿。刘晓楠为课题秘书，负责组织协调、调研实施、书稿修订与编辑等具体工作。各章节具体分工为：前言、后记由杨润勇执笔；第一章由高丙成、杨润勇执笔；第二章由赵小红、高慧斌执笔；第三章由刘晓楠、郭红霞执笔；第四章由高丙成、黄海鹰执笔；第五章由王小飞、王晓燕执笔；第六章由方铭琳、刘玉娟执笔。

黄海鹰、王新波对书稿文字进行了全面审校。

本报告得到教育部相关司局、中国教育科学研究院领导、专家的关注、支持和帮助，在此一并表示衷心感谢。

中国教育科学研究院
农村教育课题组
2015 年 8 月

出 版 人　李　东

责任编辑　夏辉映

版式设计　孙欢欢

责任校对　贾静芳

责任印制　叶小峰

图书在版编目（CIP）数据

中国农村教育发展报告. 2013 ／ 杨润勇等著. —北
京：教育科学出版社，2016.9
　（国情教育研究书系）
　ISBN 978-7-5191-0647-8

Ⅰ.①中…　Ⅱ.①杨…　Ⅲ.①乡村教育—研究报告—
中国—2013　Ⅳ.①G725

中国版本图书馆 CIP 数据核字（2016）第 227753 号

中国农村教育发展报告 2013
ZHONGGUO NONGCUN JIAOYU FAZHAN BAOGAO 2013

出版发行	教育科学出版社		
社　　址	北京·朝阳区安慧北里安园甲 9 号	市场部电话	010-64989009
邮　　编	100101	编辑部电话	010-64989363
传　　真	010-64891796	网　　址	http://www.esph.com.cn
经　　销	各地新华书店		
制　　作	北京金奥都图文制作中心		
印　　刷	保定市中画美凯印刷有限公司		
开　　本	169 毫米×239 毫米　16 开	版　　次	2016 年 9 月第 1 版
印　　张	14	印　　次	2016 年 9 月第 1 次印刷
字　　数	190 千	定　　价	45.00 元

如有印装质量问题，请到所购图书销售部门联系调换。